유래를 통해 배우는
초등 사회 11. 음식

그래서 이런 음식이 생겼대요

유래를 통해 배우는
초등 사회 11. 음식

그래서 이런 음식이 생겼대요

우리누리 글 | 이진아 그림

길벗스쿨

책머리에

바삭하게 튀겨 낸 돼지고기에 달콤한 소스가 뿌려진 탕수육!
쫄깃한 면발에 고추장 양념이 올려진 매콤 달콤 쫄면!
생각만 해도 입안에 군침이 고이지 않나요?

사람들은 항상 음식을 만들고, 먹고 즐기면서 살아간답니다. 음식은 우리 몸에서 에너지가 되고, 생명을 이어 갈 영양소가 되지요. 하지만 인류에게 음식은 단순히 생명을 보존하고, 에너지를 얻기 위한 수단만은 아니랍니다.

우리는 매일 음식을 만들고 먹어요. 음식은 매일매일 반복되는 우리 생활의 일부분이지요. 그러니 음식 속에는 우리들의 삶의 모습이 고스란히 담겨 있을 수밖에 없답니다.

먹을 게 없었던 흑인 노예들은 주인이 버린 닭 날개와 닭발을 뼈째 씹어 먹을 수 있게 기름에 바짝 튀겨서 프라이드치킨을 만들어 먹었지요.

나라에서 고기 먹는 걸 금지하자 일본 사람들은 만두 속에 고기 대신 단팥을 넣어 찐빵을 만들어 먹었답니다.

전쟁터에서 간편히 먹을 수 있는 음식을 개발하다 물만 부으면 먹을 수 있는 미숫가루가 만들어지기도 했지요.
　때로는 장난처럼 우연히 맛있는 음식이 만들어지기도 했어요. 손님의 무리한 요구에 화가 난 주방장이 감자를 굉장히 얇게 썰어 튀기는 통에 포테이토칩이 만들어지기도 했으니까요.
　지역에 따라 기후와 풍토가 다른 것도 그 지역만의 독특한 음식 문화를 만들었지요. 물에 석회질이 많은 독일에서는 맥주가 발달할 수밖에 없었답니다. 메밀이 많이 나는 평안도에서는 메밀로 만든 평양냉면이, 추워서 감자밖에 자라지 않는 함경도에서는 감자 전분으로 만든 함흥냉면이 탄생했지요.
　이 책이 이끄는 대로 음식의 유래를 찾아 여행을 떠나 보면, 그 당시 그 지역에 살았던 사람들의 생생한 생활 모습을 맛볼 수 있을 거예요.

글쓴이 우리누리

차례

1장 역사가 보이는 음식

신에게 바친 제사 음식 **케이크** 12
풍요와 저승의 신, 오시리스가 선물한 **맥주** 14
봉급의 유래가 된 **소금** 16
목숨 걸고 진시황에게 바친 음식 **어묵** 18
달콤함 뒤에 숨은 노예들의 슬픈 역사 **설탕** 20
왕과 귀족들만 먹을 수 있던 **아이스크림** 22
몽골 군대의 전투 식량 **샤브샤브** 24
원나라에서 유행한 고려 음식 **상추쌈** 26
육식 금지령 덕분에 만들어진 **찐빵** 28
이성계의 목을 조르듯이 만든 **조롱이떡** 30
선농제를 올리고 먹은 **설렁탕** 32
금과 같은 대접을 받은 **후추** 34
수에즈 운하 건설을 도운 **스파게티** 36
신들의 음식 **초콜릿** 38

선조에게 사랑받다 버려진 **도루묵** 40
도쿠가와 이에야스를 죽인 **덴푸라** 42
호조 판서를 만들어 준 **잡채** 44
광해군이 폐위 직전에 먹었던 음식 **꽈배기** 46
임씨가 만들어 인조에게 올린 떡 **인절미** 48
농장 일꾼과 죄수들이 먹던 **랍스터** 50
마온 항 전투의 승리를 기념하는 **마요네즈** 52

인도 마살라에서 변한 영국식 **카레** 54
사람이 평등하니 빵도 평등 **바게트** 56
흑인 노예들의 소울 푸드 **프라이드치킨** 58
아편 전쟁의 패배로 탄생한 **탕수육** 60
프랑스 화학자가 만든 가짜 버터 **마가린** 62
커틀릿의 변신 **돈가스** 64
제물포 개항과 함께 들어온 화교의 역사 **자장면** 66
전쟁의 폐허에서 탄생한 **라면** 68
미군 부대에서 먹다 남은 소시지로 끓인 **부대찌개** 70
양반집 요리에서 서민들의 대표 간식이 된 **떡볶이** 72

2장 웃음보가 터지는 음식

화가 난 요리사의 비장의 솜씨 **포테이토칩** 76
일본 스님의 이름을 딴 **단무지** 78
입맛 까다로운 아이의 아이디어 **도넛** 80
신선이 되기를 꿈꾸던 왕의 발명품 **두부** 82
뱃사람들의 생명수 **럼주** 84
철종 임금이 좋아한 술 **막걸리** 86
고래 따라서 먹은 음식 **미역국** 88
생선에 꽂은 이름표 **사시미** 90
몽골을 거쳐 전해진 페르시아 위장약 **소주** 92
버려진 고기의 화려한 부활 **캔 햄** 94
환자들을 위해 의사가 만든 영양식 **시리얼** 96
이 산 저 산 들고 다니던 화로 **신선로** 98

일본에서 건너온 겨울철 간식 **붕어빵** 100
개고기 대신 소고기 **육개장** 102
인기 메뉴로 변신한 불량 냉면 **쫄면** 104
말안장에서 발효된 비상식량 **청국장** 106
약사가 소화제로 만든 **콜라** 108
벨기에서 탄생한 프랑스 튀김 **프렌치프라이** 110
붕어 없는 붕어빵, 도그 없는 **핫도그** 112
타타르 인의 전투 식량에서 출발한 **햄버거** 114
입 속을 청소하기 위해 씹었던 **껌** 116
양의 위 속에서 만들어진 **치즈** 118
도박에 빠진 백작이 개발한 **샌드위치** 120

3장 지역 특색이 묻어나는 우리 향토 음식

함경도 실향민의 고향의 맛 **가자미식해** 124
삼삼한 **평양냉면**, 맵싸한 **함흥냉면** 126
고기잡이 나가는 남편을 위한 도시락 **충무 김밥** 128
브랜드화에 성공한 **전주비빔밥** 130
우리나라 최초의 치즈 **임실 치즈** 132
대통령 덕분에 유명해진 **수원 갈비** 134
화전민의 잔치 음식이었던 **춘천 막국수** 136
바닷물을 간수로 쓴 **초당 두부** 138
제주도 사람들을 괴롭히려다 만들어진 **빙떡** 140

4장 세계 여러 나라의 대표 음식

가난한 영국 노동자들의 음식 **피시 앤드 칩스** 144
원래 저장 식품이었던 **생선 초밥** 146
거위를 학대해 얻은 진미 **푸아그라** 148
터키 군대의 전투 식량 **케밥** 150
중국 황제의 아침 식사 **제비 집 요리** 152
베트남의 슬픈 역사가 담겨 있는 **쌀국수** 154
스위스 목동들의 추위를 달래 준 **퐁뒤** 156
흑인 노예들의 잔치 음식 **페이조아다** 158
유럽 사람들이 꼽는 최고급 진미 **캐비아** 160
이탈리아 나폴리에서 세계로 퍼진 **피자** 162

5장 세계의 금기 음식

게르만 족의 바다 괴물을 닮은 **문어와 오징어** 166
나병을 옮기는 악마의 열매 **감자** 168
힌두교 인들의 금기 식품 **소고기** 170
독이 있는 식품으로 오해받은 **고추** 172
신이 내린 열매 **커피** 174
유대교와 이슬람교의 금기 식품 **돼지고기** 176
불교의 금기 식품 **마늘** 178

부록
한눈에 보는 나라별 대표 음식 180

1장
역사가 보이는 음식

MENU

케이크
맥주
소금
어묵
설탕
아이스크림
샤브샤브

상추쌈
찐빵
조롱이떡
설렁탕
후추
스파게티

초콜릿
도루묵
덴푸라
잡채
꽈배기
인절미

랍스터
마요네즈
카레
바게트
프라이드치킨
탕수육
마가린
돈가스

자장면
라면
부대찌개
떡볶이

신에게 바친 제사 음식 케이크

"축하합니다! 어여쁜 따님이 태어났어요!"

"오! 아르테미스 여신이시여, 감사합니다!"

아내가 힘겹게 아이를 낳는 동안 내내 마음 졸이며 문밖에서 서성이던 남편은 소식을 듣고 기쁨의 한숨을 내쉴 수 있었어요. 다른 가족들도 그제야 안도하며 입을 열었어요.

"산모가 밤새도록 진통을 해서 얼마나 걱정했는지 몰라요."

"출산의 수호신, 아르테미스 여신께서 출산하는 모든 여자들과 아이들을 지켜 주신 덕분일세. 어디 태어날 때뿐인가? 아이가 다치지 않고 건강하게 자라도록 앞으로도 계속 보살펴 주실 거야."

고대 그리스 사람들은 아르테미스가 아이들이 건강하게 나고 자라도록 지켜 주는 수호신이라고 믿었어요.

그래서 아르테미스 신전에는 자녀의 건강과 안전을 비는 부모들의 발길이 끊이지 않았어요. 아기가 태어났을 때나 해마다 자녀의 생일이 돌아오면 부모들은 어김없이 신전을 찾았지요.

"오늘은 제 아들 생일이에요. 정성껏 만든 이 빵을 여신님께 바칩니다. 아이가 건강하게 자랄 수 있도록 한 해 한 해 지켜 주세요."

부모들은 달의 여신이기도 한 아르테미스를 상징하는 둥그런 모양의 빵에 꿀을 발라 여신의 제단에 바쳤어요.

오늘날 사람들은 더 이상 아르테미스 신전을 찾지는 않지만, 아이 생일날 꿀 바른 빵을 신에게 바치던 전통은 생일 케이크를 먹는 풍습으로 바뀌어 지금까지 이어지고 있지요. 케이크에 촛불을 켜 소원을 빌고 함께 나누어 먹으며 생일을 축하하는 풍습은 바로 고대 그리스에서 아르테미스 여신에게 바친 제사에서 유래한 것이랍니다.

한편, 케이크에 요즘처럼 크림을 발라 장식하기 시작한 것은 1660년대 무렵부터였어요. 영국을 여행하던 한 프랑스 요리사가 결혼식에서 층층이 쌓여 있는 빵 더미를 보고 아이디어를 얻어 케이크에 크림을 발라 높게 쌓고 장식하기 시작했답니다.

풍요와 저승의 신, 오시리스가 선물한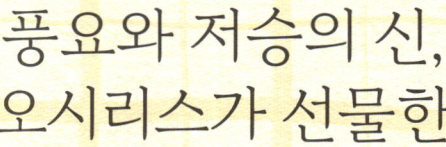

고대 이집트 사람들은 맥주를 풍요의 신이자 저승의 신, 오시리스가 인간에게 전해 준 선물이라고 믿었어요.

어느 날 오시리스는 보리죽을 끓이다가 볼일이 생겨 자리를 비웠는데, 다시 돌아와 보니 그 사이 보리죽이 발효되어 맥주가 되어 있었지요.

"음, 씁쓸하고 시큼한 맛이 아주 독특하군. 게다가 먹을수록 기분도 좋아지는걸."

맥주를 맛보고 기분이 좋아진 오시리스는 자기가 만든 맥주를 사람들에게 선물로 주고, 만드는 방법도 가르쳐 주었어요.

맥주는 이처럼 고대 이집트 신화에까지 등장할뿐더러 인류 문명의 발상지 중 하나인 메소포타미아에서도 만들었다는 기록이 있을 정도로 오래된 음료예요.

이후 맥주는 그리스와 로마를 통해 유럽에도 전해졌는데, 정작 그리스나 로마 등 지중해 인근 지역은 날씨가 따뜻해 포도가 잘 자랐기 때문에 맥주보다는 포도주를 더 즐겼고, 맥주는 주로 독일과 아일랜드 등 유럽 중·북부 지역에서 인기를 끌었어요.

"보리로 만든 음료수 말이야. 마시면 왠지 기운이 나는 것 같아."

"하하, 맥주 말이군. 나도 맥주 마시고 일을 하면 힘든 줄도 모르겠어."

맥주는 피로를 달래 주고 삶을 흥겹게 만드는 음료였지요.

또한 유럽의 많은 지역들에서 수질이 나빠 물을 바로 먹을 수 없었던 것도 맥주의 제조를 부채질했어요. 그래서 중세 시대, 당시 지식인이었던 가톨릭 수도사들이 수도원에서 맥주 제조법을 발전시켜 깨끗하지 못한 물을 대신하기도 하고, 흑맥주를 약 대신 쓰기도 했어요.

맥주는 농사를 짓기 시작하면서부터 마셔 온 유서 깊은 음료예요. 물 대신으로, 양식 대신으로, 또 약으로도 맥주를 마셨어요.

오랜 전통의 독일과 아일랜드 맥주는 맛이 깊고 풍부해 오늘날까지 세계적으로 유명하답니다.

중세 시대 수도원에서는 맥주뿐 아니라 포도주, 치즈도 만들었고, 그 제조법을 사람들에게 전파했답니다.

봉급의 유래가 된 소금

"여보, 소금이 떨어졌어요."

로마 제국 시대, 아내가 군인인 남편에게 말했어요.

"아니, 벌써 소금을 다 썼단 말이오?"

"소금 필요한 곳이 어디 한두 군데여야지요. 아무리 아껴도 늘 부족해요."

아내의 말이 틀린 게 아니라는 걸 남편도 잘 알고 있었어요. 고대인들에게 소금은 마치 공기나 물처럼 없어서는 안 될 필수품이었으니까요.

요즘처럼 음식 간 맞추는 데만 소금이 필요한 게 아니었어요. 시장에서 사온 생선과 고기를 보관하는 데도 아주 많은 양의 소금이 필요했어요. 냉장고가 없던 당시엔 음식 재료를 오래 보관하는 유일한 방법이 소금에 절이는 거였지요.

"게다가 지난번에 산 고기랑 생선 값도 모두 소금으로 치렀잖아요."

"당신 말이 맞소. 소금이 다 떨어질 만도 하구려. 며칠만 좀 참아요. 곧 살라리움을 받는 날이니까."

남편은 아내를 다독였어요.

당시 로마에서는 관리나 군인들의 봉급으로 '살라리움'을 주었는데 바로 소금이랍니다. 오늘날 봉급을 뜻하는 영어 '샐러리(salary)'는 바로 '살라리움'에서 유래한 말이지요.

소금은 음식 맛을 내는 조미료이며 음식의 부패를 방지하는 방부제일 뿐 아니라, 상품을 사고팔 수 있는 돈이기도 했어요. 소금이 워낙 생활의 중요한 필수품이었기 때문에 어떤 물건과도 교환할 수 있는 화폐 역할을 했던 것이죠.

소금은 중요한 교역물이라 소금을 거래하는 곳은 사람들이 많이 모이는 도시로 발전하곤 했어요. 대제국을 이룬 고대 로마도 처음에는 작은 도시였다가 소금 판매로 부가 쌓이고, 점차 많은 사람들이 모여들면서 큰 도시로 성장하게 되었답니다.

소금이 음식의 부패를 막는 걸 보면서, 옛날 사람들은 소금에 악령이나 마귀를 쫓는 신비한 힘이 있다고 믿었어요. 모로코 사람들은 어두운 길을 다닐 때 유령을 쫓기 위해 소금을 몸에 지니고 다니기도 했대요.

목숨 걸고 진시황에게 바친 음식 어묵

진시황은 거대한 중국 영토를 최초로 통일했던 왕인데, 무자비한 폭군이기도 했어요.

그는 생선을 몹시 좋아해 끼니마다 빼놓지 않고 생선 요리를 상에 올리도록 했다고 해요.

"큰일 났군. 오늘도 생선 요리를 올려야 하니……."

황제의 음식을 맡은 요리사는 오늘도 안절부절 어쩔 줄을 몰랐어요. 생선 가시가 문제였지요.

"지난번 요리사도 생선 요리에서 가시가 나오는 바람에 황제의 노여움을 사 목숨을 잃었다고 했지?"

"그래, 생선 가시 때문에 벌써 몇 명이 죽어 나갔는지 몰라."

요리사는 절로 한숨이 났어요. 요리에서 가시가 나왔다가는 목숨을 잃을지도 모르니 말이죠.

"이 생선으로 무슨 요리를 만든다……?"

걱정스런 생각에 잠겨 무심코 칼등으로 생선을 두들기다 보니 가시와 살이 분리되고 생선 살이 으깨어졌지 뭐예요.

"이크, 살이 다 으깨어져 버렸네. 으깬 생선 살로 경단을 만들면 되겠구나."

요리사는 생선 살에 여러 색깔을 입히고 동그랗게 경단을 만들어 탕을 끓여 진시황에게 올렸지요.

"이건 못 보던 요리인데. 어디 맛을 보도록 할까……."

진시황은 알록달록 색이 고운 탕을 맛보았어요.

"음, 맛도 좋고 먹기도 편하군. 아주 좋아!"

진시황은 생선 경단으로 만든 탕을 몹시 마음에 들어 하며 요리사에게 큰 상을 내렸답니다.

생선 요리를 좋아하지만 가시가 나오는 것을 유난히 싫어했던 진시황을 위해, 생선 살을 뭉쳐 만들었던 경단이 후에 백성들에게 전해지면서 '어환'이라고 불렸어요. 이것이 바로 우리가 먹는 어묵의 시초라고 할 수 있답니다.

우리는 흔히 어묵이 '오뎅'과 같은 음식이라고 알고 있지요. 일본에서는 어묵을 '가마보코'라고 불러요. 오뎅은 이 가마보코를 무와 묵, 유부 등과 함께 끓여 낸 탕을 가리키는 말이에요.

달콤함 뒤에 숨은 노예들의 슬픈 역사 설탕

　기원전 327년경, 알렉산더 대왕의 군대는 페르시아를 멸망시키고 인도까지 쳐들어갔어요. 그곳에서 인도인들이 손에 갈대를 들고 빨아 먹는 희한한 광경을 보게 되었지요.
　"저게 뭐지? 네아르코스 장군께 가져가 보자."
　알렉산더 대왕의 군대를 지휘하던 네아르코스는 갈대의 맛을 보고 깜짝 놀랐어요.
　"이건 꿀벌 없이도 꿀을 얻을 수 있는 갈대로구나."

그 신비한 갈대는 바로 사탕수수였어요.

사탕수수 줄기에는 강한 단맛을 내는 성분이 있어 짜서 가공하면 설탕을 만들 수 있지요. 설탕의 달콤한 맛은 유럽 인들의 입맛을 단박에 사로잡았어요. 설탕은 곧 유럽에서 금이나 은 못지않은 고가품이 되었지요. 이후 이슬람에 빼앗긴 성지를 되찾겠다고 전쟁에 나섰던 십자군이 설탕 제조법을 유럽에 전하면서 설탕 산업이 시작되었어요.

"설탕이 돈이 되겠어. 식민지에 사탕수수를 심어 설탕을 만들어 팔자고!"

15세기, 콜럼버스는 카리브 해에 있는 아이티 섬을 점령하고 사탕수수를 심었어요. 카리브 해 주변은 기후가 온화하고 강수량이 풍부해 사탕수수를 재배하기에 안성맞춤이었죠. 이렇게 시작된 사탕수수 농장과 설탕 공장은 16세기에 이르러 200개도 넘게 늘어났어요.

그곳의 원주민들은 유럽으로 보낼 설탕을 만들기 위해 고된 노동에 시달려야 했어요. 너무 힘들게 일을 하는 바람에 원주민들이 병에 걸려 죽어 나가자 농장 주인들은 아프리카로 눈을 돌렸지요.

"걱정 말라고. 아프리카에서 노예들을 데려올 거야. 체력이 강해서 쉽게 죽지 않을 테니 여기 원주민들보다 훨씬 쓸 만할걸."

가혹한 노동을 견디지 못하고 죽은 원주민들을 대신해 수많은 아프리카 인들이 사탕수수 농장에서 일할 노예로 팔려 아메리카 카리브 해로 건너 왔지요. 이때부터 아프리카 인들의 노예 역사가 시작되었답니다.

16세기 이후 카리브 해 전역에서 무역이 활발하게 이루어졌어요. 이때 이루어진 대표적인 교역 물품을 '백색 화물'과 '흑색 화물'이라고 불렀는데, 백색 화물은 설탕, 흑색 화물은 바로 아프리카 노예를 가리키는 말이었다고 해요.

왕과 귀족들만 먹을 수 있던 아이스크림

 '빙락은 기름 덩어리 같으나, 먹어 보면 시원하고 맛있네. 빙락은 옥석 같으나, 접시에 올려놓자마자 부서져 버리네.'

 중국 남송 때 양만리라는 시인은 〈빙락〉이라는 시를 썼어요. 시의 내용을 보면 빙락은 오늘날의 아이스크림 같은 것으로 보여요. 이를 두고 중국에는 1,000년 전부터 이미 아이스크림이 있었다고들 얘기하지요. 아마 빙락은 황제나 높은 신분의 사람들이 먹던 것이고, 보통 사람들은 맛볼 수 없던 귀한 음식이었을 거예요.

13세기, 이탈리아의 탐험가 마르코 폴로는 중국에서 빙락을 맛보고는 깜짝 놀랐어요.

"세상에! 이렇게 시원하고 입안에서 절로 녹는 별미는 처음 맛봅니다."

중국 황제 쿠빌라이는 감탄하는 마르코 폴로에게 빙락 만드는 방법을 알려 주었다고 해요.

마르코 폴로가 빙락을 고국인 이탈리아에 알렸기 때문일까요? 이탈리아에는 1500년대에 이미 오늘날의 아이스크림과 매우 비슷한 형태의 아이스크림이 있었어요. 이것을 만드는 비법이 이탈리아에서만 비밀리에 전해지다 유럽의 다른 나라에 알려지게 된 것은 결혼 때문이었어요. 이탈리아의 귀족 가문인 메디치가의 딸, 카트린느가 프랑스 앙리 2세와 결혼하면서 아이스크림 요리사를 프랑스로 데려간 것이지요. 그 후, 프랑스 공주가 영국의 찰스 1세와 결혼하면서 아이스크림 제조법은 영국 왕실에까지 전해졌답니다.

중국 황제의 음식, 빙락은 탐험가 마르코 폴로에 의해 이탈리아 귀족 가문에 전해져 아이스크림으로 발전하였고, 비밀스럽게 이어지던 아이스크림 제조법은 결혼을 통해 프랑스와 영국 왕실로 전파되었어요. 이렇듯 아이스크림은 꽤 오랫동안 왕과 귀족들만 즐기던 최고급 음식이었죠.

고대 중국인들은 기원전 3,000년 무렵부터 눈과 얼음을 과즙에 섞어 먹었고, 고대 이집트나 바빌론에서도 단 과일을 얼려 먹었다고 해요. 로마 황제 네로는 포도주에 과일을 섞어 알프스 산에서 가져온 얼음에 얼려 먹었지요.

동서양을 막론하고 예로부터 귀족들의 사랑을 받았던 시원하고 달콤한 맛의 빙과류를 이제는 누구나 즐길 수 있게 되었어요.

몽골 군대의 전투 식량 샤브샤브

칭기즈 칸이 이끄는 몽골군은 전투마다 승리를 거두던 용맹한 군대였어요. 몽골 군대의 자랑은 뭐니 뭐니 해도 기마병이었지요. 말을 타고 빠른 속도로 적진을 파고들어 순식간에 공격하니 당해 낼 적수가 없었어요.

몽골 사람들은 걸음마보다 말타기를 먼저 배운다고 할 만큼 어려서부터 말을 타고 몽골 초원을 누비며 살았어요. 칭기즈 칸은 이런 몽골 족의 풍습을 군대에 적극적으로 활용했지요.

몽골군은 전방과 후방으로 나뉘어 일사분란하게 움직였어요. 전방에서 기마 부대가 전투를 벌이고 있을 때, 후방에서는 지원 부대가 식사 준비를 했어요. 전방에서 전투를 치르고 돌아온 기마 부대는 후방 부대가 준비해 놓은 음식을 먹고 기운을 차려 또 다시 싸움터로 나갔어요. 이에 비해 적군들은 전투에 지친 몸으로 음식까지 스스로 해 먹어야 했기 때문에 금세 지쳐 갔어요.

그러던 어느 날, 몽골의 후방 지원 부대가 공격받는 일이 생겼어요. 밥 지을 부대가 공격을 받아 타격을 입자 몽골의 기마병들도 제때 식사를 할 수 없게 되었죠.

"병사들이 배가 고프면 체력과 사기가 떨어진다. 그러면 전쟁에 패할 것이 불 보듯 뻔하겠지? 이를 어쩐다?"

고민하던 칭기즈 칸은 머리에 썼던 투구를 벗어 불 위에 걸고 물을 끓이도록 했어요.

"자, 모두 양고기를 얇게 썰어 끓는 물에 살짝 데쳐 먹어라."

얇게 썬 양고기는 금방 익어 바로 먹을 수 있었고, 병사들은 빠르고 쉽게 허기진 배를 채울 수 있었어요. 금세 기운을 차린 병사들은 곧 벌어진 전투에서도 승리를 거뒀지요.

전쟁이 끝난 후, 병사들은 투구에 데쳐 먹던 양고기 맛을 잊지 못하고 고향에 돌아가서도 해 먹었다고 하는데, 이 요리가 지금의 샤브샤브가 되었답니다. '샤브샤브'란 이름은 중국에서 일본으로 요리법이 전해지면서 붙여졌는데, 끓는 물에 고기를 데칠 때 나는 소리를 딴 이름으로, '찰랑찰랑' 또는 '첨벙첨벙'이라는 뜻을 가지고 있지요.

원나라에서 유행한 고려 음식 상추쌈

"지금 떠나면, 언제 다시 돌아올 수 있을까? 부모님과 형제들 얼굴을 살아생전 다시 볼 수 있으려나……."

고려 시대, 많은 처녀들이 정든 집과 가족을 뒤로하고 멀고 먼 중국 원나라로 끌려가던 시절이 있었어요. 고려를 침략한 원나라가 고려의 여인들을 바치라고 했기 때문이에요.

원나라로 끌려간 고려 여인들은 왕실의 궁녀나 무수리가 되어 고달픈 나날을 보내야 했어요. 말이 통하지 않는 낯선 땅에서 두고 온 가족이 보고 싶고 고향 땅이 그리울 때면 고려 옷을 입거나 고려 음식을 먹는 것으로 시름을 달랬지요.

"상추쌈을 먹으면 마치 고향으로 돌아간 기분이야."

"맞아. 어머니가 차려 주신 밥상 같아."

고려 여인들은 궁궐 텃밭에 상추를 심었어요. 고향 생각이 간절해질 때면 함께 모여 떠나온 고향을 그리워하며 상추쌈을 먹었지요.

고려 여인들이 상추쌈 먹는 것을 본 원나라 사람들은 호기심이 생겼어요.

"어머, 고려 궁녀들이 먹는 저게 뭐야?"

"그러게. 풀잎에 밥을 싸 먹잖아? 우리도 한번 먹어 보자."

상추쌈을 맛본 원나라 사람들은 곧 그 맛에 반하고 말았답니다.

"정말 신선하고 맛있군. 천금을 주고라도 고려의 상추 씨를 사야겠소."

원나라 사람들은 천금을 주고라도 살 만하다는 뜻으로 상추를 '천금채'라 불렀어요.

고려 사람들이 즐겨 먹던 상추쌈은 원나라로 끌려간 고려 여인들을 통해 원나라에까지 전해져 입맛을 사로잡았지요.

상추는 본래 이집트에서 전해진 채소인데, 언제쯤 우리나라에 들어왔는지는 알 수 없어요. 다만 우리 민족이 상추쌈을 즐겨 먹기 시작한 것은 고려 시대에 들어서라고 알려져 있지요.

 원나라에서는 상추쌈을 비롯한 고려의 여러 음식과 옷차림들이 유행했어요. 이를 가리켜 '고려양'이라고 하지요.

육식 금지령 덕분에 만들어진 찐빵

"나와 함께 일본에 가 보지 않겠나?"

중국 원나라에서 유학하던 일본 승려 류잔은 고향으로 돌아갈 때가 되자, 중국 친구였던 임정인에게 함께 가자고 제안했어요.

"일본? 좋지. 자네가 태어난 곳이라면 나도 한번 가 보고 싶네."

1341년 류잔을 따라 일본에 온 임정인은 그저 신기하고 놀라웠어요. 그러나 시간이 지나면서 점차 무료해졌지요.

"일 없이 보내는 것도 이젠 지루하군. 옳지, 절에 오는 사람들을 상대로 장사를 하면 어떨까?"

임정인은 궁리 끝에 중국에서 먹던 만두를 만들어 팔기로 했어요.

"만두를 팔겠다고? 그건 안 되네. 만두에는 고기가 들어가지 않나."

류잔은 펄펄 뛰며 임정인을 말렸어요. 절에서 고기 넣은 만두를 판다는 건 있을 수 없는 일이었죠. 더구나 일본은 7세기에 육식 금지령이 내려진 이후로 고기를 먹지 않던 나라였어요. 고기 맛도 모르는 사람들이 고기만두를 사 먹을 리 없었죠.

"나도 알고 있네. 그래서 말이야, 만두 속에 단팥을 넣으려고 해. 일본 사람들은 단팥을 아주 좋아하더라고."

임정인의 예상은 들어맞았어요. 절을 찾은 승려와 신도들은 너나없이 단팥 넣은 만두에 푹 빠졌답니다.

"열심히 불공을 드린 후에 먹는 단팥 만두 맛은 정말 기막히다고."

"난 단팥 만두 먹을 생각에 기도를 못할 지경인데. 허허."

단팥 만두가 맛있다는 소문은 일본 왕의 귀에까지 들어갔고, 만두를 맛본 왕은 크게 만족했어요.

"소문대로구나. 음식을 바친 답례로 궁녀를 보내니 아내로 삼도록 하라."

임정인은 고기를 먹을 수 없었던 일본 사람들에 맞춰 만두 속에 단팥을 넣어 팔았고, 이것이 오늘날 찐빵의 기원이 되었어요. 또한 임정인이 만들었던 단팥 만두는 후에 달콤한 맛과 화려한 모양을 지닌 일본 전통 화과자의 기원이 되기도 했어요. 지금도 일본에는 임정인을 일본 화과자의 시조로 받들며 섬기는 신사가 있지요.

이성계의 목을 조르듯이 만든 조롱이떡

본래 이성계는 고려의 장군이었어요. 당시 고려를 지배하던 귀족들은 백성들을 괴롭히고 재물을 빼앗아, 자신들의 배를 불리기에 바빴어요.

"부패한 왕과 귀족들이 다스리는 고려는 더 이상 희망이 없어. 백성이 고통받지 않고 편히 살 수 있는 새로운 나라를 세우자!"

뜻을 모은 고려의 관리들과 이성계는 우왕을 몰아내고 새로운 나라 조선을 세우려 했어요. 부패한 관리를 몰아내고 나라를 개혁하는 것은 백성에게 이로운 일이기 때문에 모두들 그를 좋아했을 것 같지만, 그렇지 않은 사람들도 많앉어요.

"우리 고려가 문제가 많기는 하나, 그렇다고 신하가 왕을 배신하는 것은 반역이 아닌가!"

"순전히 자기가 왕이 되고 싶어서 새 나라를 세우는 거라고."

"그러게 말이야. 고려를 개혁하려던 정몽주 선생도 죽였잖아. 괘씸한 놈!"

고려 사람들 중에는 새 나라를 세울 것이 아니라 고려를 그대로 계승하면서도 나라를 개혁하고 바로 세울 수 있다고 생각하는 이들도 많았어요.

이성계는 자신과 뜻이 다른 고려의 충신들을 그대로 놔둘 수 없었어요. 결국 고려의 수도였던 개경(오늘날의 개성)에는 피바람이 불어 새로운 왕조를 세우려는 이성계의 계획에 반대하는 많은 사람들이 목숨을 잃었고, 이성계는 한성을 새로운 수도로 삼아 조선을 개국했어요.

그러자 남편과 아들을 잃은 개경의 여인들은 눈물을 삼키며 이성계를 저주했지요.

"그놈의 목을 졸라 비틀어 죽여도 시원치 않겠구나."

개경 여인들은 떡국을 만들 때도 이성계에게 쌓인 분을 드러냈어요. 떡을 가늘게 뽑아 한입 크기로 썬 다음, 가운데를 대나무 칼로 눌러 마치 이성계의 목을 조르듯 잘록하게 만들었지요. 이 떡을 조롱이떡이라고 한답니다. 마치 조롱박 모양과 같다고 붙여진 이름이지요. 조롱이떡은 모양도 독특하고, 떡국을 끓였을 때 잘 퍼지지 않아 쫄깃한 맛이 일품이랍니다.

이성계는 100년 동안 개성 사람들이 관직에 오르지 못하도록 명령을 내렸대요. 관직에 나갈 수 없는 개성 사람들은 열심히 장사를 하며 생계를 유지했는데, 덕분에 개성에서는 상업이 발달하였고, 장사 잘하기로 소문난 '송상'이라는 개성상인이 나타났지요.

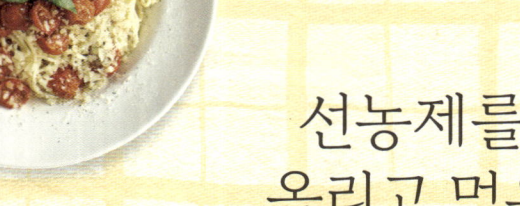 선농제를 올리고 먹은 **설렁탕**

"신농씨, 우리 조선에 풍년이 들도록 굽어살펴 주소서."

올해도 어김없이 선농단에 오른 세종 임금은 정성을 다해 풍년을 기원하는 제사를 드렸어요. 백성들 대부분이 농사를 짓는 조선에서 풍년이 드는 것만큼 중요한 일도 없었으니까요.

선농제를 마친 세종은 화려한 대례복(나라에 중대한 의식이 있을 때 입던 예복)을 벗고 평상복으로 갈아입었죠. 그러고는 몸소 소를 끌고 쟁기질을 하는 게 아니겠어요?

"이랴, 풍년이 들도록 밭을 잘 갈아 보세."

임금이 영락없는 농부 차림으로 밭을 갈기 시작하자, 신하들도 서둘러 옷을 갈아입고 쟁기질에 나섰지요.

"하하, 경들도 밭을 잘 가는구려."

주위에 모여든 백성들도 임금과 신하들이 함께 밭갈이하는 모습을 흐뭇하게 지켜보았어요.

"임금님께서 백성을 위해 저렇게 정성껏 밭을 가시니 그 정성이 하늘에 닿아 올해엔 꼭 풍년이 들 거야."

모든 행사가 끝나자 세종은 따뜻한 국을 끓이라고 명했어요.

"모두들 시장할 테니, 여기 모인 백성들 모두에게 따뜻한 국과 밥을 대접하여라."

"사람들이 너무 많아 제사 지내고 남은 음식으로는 어림없습니다."

그러자 세종은 자신이 쟁기질할 때 몰았던 소를 가리켰어요.

"농사에 꼭 필요한 소지만, 오늘은 잡아서 국을 끓여 함께 먹자꾸나!"

세종의 명령대로 소를 잡아 커다란 가마솥에 푹 고았어요. 백성들은 뽀얗게 우러난 국에 따뜻한 밥을 말아 먹으며 새삼 임금의 사랑을 느꼈답니다.

"국물이 정말 진하군."

"선농제 때 먹은 국이니 선농탕이라 불러야겠는걸."

임금이 선농제를 마치고 소를 잡아 백성들과 함께 나누어 먹었던 '선농탕'은 훗날 '설렁탕'이라는 이름으로 변하여 서울 지역의 향토 음식이 되었답니다.

금과 같은 대접을 받은 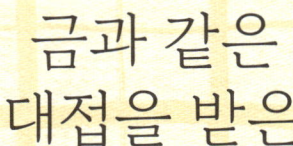 후추

근대 이전, 고기를 즐겨 먹던 유럽 사람들은 육류를 상하지 않게 잘 보관하기 위해 고심했어요. 소금에 절이거나 훈제(소금에 절인 고기를 연기에 익혀 말리는 방법)를 하기도 했는데, 그럼에도 불구하고 잡은 지 오래된 육류는 특유의 누린내 때문에 먹기가 역겨울 정도였어요.

이런 유럽 사람들에게 동양에서 후추라는 '마법의 향신료'가 전해졌어요. 후추는 고기가 쉽게 상하지 않도록 방부제 역할을 했을 뿐 아니라 고기의 맛을 한층 좋게 만들었어요.

"정말 고기 맛이 마법처럼 좋아졌어. 이제 후추 없이 고기를 못 먹겠어."

"맛이야 있지. 하지만 값이 너무 비싸잖아."

당시 후추는 멀리 인도에서 들어오고 있었어요. 유럽까지 후추가 오려면 1년이 넘게 걸렸는데, 그 사이 여러 중간 상인들의 손을 거치면서 값이 엄청나게 비싸졌지요.

"후추 1그램과 금 1그램 가격이 같아. 후추를 먹는 건 고기에 금을 뿌려 먹는 거나 마찬가지라고."

마침내 유럽 사람들은 후추를 가지러 직접 인도로 가기 위해 바닷길을 찾기 시작했어요.

"배를 타고 직접 인도로 가자고. 후추를 가져오기만 하면 부자가 될 거야."

후추와 향신료를 얻기 위해 많은 탐험가들이 인도로 가는 바닷길을 찾는 항해를 시작했어요. 유럽 인의 입맛을 매혹시킨 후추는 막대한 이익을 보장하는 상품이었으니까요. 이때부터 대항해 시대가 열리게 되었답니다.

1498년, 바스쿠 다가마가 아프리카 희망봉을 돌아 인도로 가는 바닷길을 발견했어요. 선원을 3분의 2나 잃었지만 인도에서 향신료를 구해 와 수십 배의 이익을 얻었지요. 마젤란 역시 향신료를 얻기 위해 다섯 척의 배로 스페인을 떠났지만 돌아온 배는 겨우 한 척뿐이었어요. 하지만 그 역시 향신료를 팔아 항해에 들어간 모든 비용을 빼고도 엄청난 이익을 남겼답니다.

1492년 콜럼버스는 후추의 수출국인 인도를 찾아가다 우연히 아메리카 대륙을 발견하게 되었죠. 그가 아메리카 원주민들을 '인디언'이라고 불렀던 것도 그곳이 인도인 줄 알았기 때문이랍니다.

수에즈 운하 건설을 도운 스파게티

　스파게티는 15세기 이탈리아에서 처음 만들어졌어요. 이탈리아에서 스파게티가 유럽의 다른 나라로 퍼져 나간 것은 국제결혼 때문이었죠.
　16세기, 이탈리아의 귀족 가문 메디치가의 딸들이 프랑스 왕실로 시집오면서 이탈리아의 요리도 함께 전해졌지요. 이탈리아 요리를 맛본 유럽 왕실은 그 맛에 푹 빠졌답니다.
　19세기 중엽, 스파게티는 유럽을 넘어 아프리카 대륙으로 건너가 이집트 총독의 마음까지 사로잡지요.

"총독 각하, 수에즈 운하 건설을 허가해 주십시오."

프랑스의 외교관 페르디낭은 이집트 총독 무함마드 알리에게 수에즈 운하 건설을 허가해 달라고 부탁했어요. 수에즈 운하가 건설되면 지중해 근처의 배들이 멀리 아프리카를 돌아 가지 않아도 인도양으로 바로 나갈 수 있는 지름길이 나거든요.

"운하를 만들면 모든 배들이 이집트를 거치기 때문에 이집트는 아주 큰돈을 벌게 될 겁니다."

하지만 총독은 무모하고 실현 가능성이 없다며 거절했어요. 궁리 끝에 페르디낭은 총독이 애지중지하는 아들의 마음을 움직여 보기로 하고, 자신이 만든 스파게티를 총독 아들에게 대접했어요.

"세상에! 이렇게 맛있는 음식은 처음 먹어 봐요. 멋진 식사를 대접받았으니 보답을 하고 싶군요."

페르디낭은 기회를 놓치지 않고 수에즈 운하 건설 허가를 부탁했어요.

"지금은 어려운 일이지만 내가 총독이 되면 당신 부탁을 들어주겠소."

이집트 총독의 아들 무함마드 사이드는 페르디낭의 정성에 감동해 수에즈 운하 건설을 약속했고, 1854년 아버지 뒤를 이어 총독이 된 이후 잊지 않고 그 약속을 지켰답니다.

이탈리아는 반도라는 지리적 특성 때문에 주변 지역의 요리법과 식재료를 받아들여 풍부한 맛의 요리들을 개발했어요. 스파게티 역시 종류도 다양하고 맛도 풍부해요. 그 때문에 이탈리아를 대표하는 요리, 스파게티는 피자와 함께 오늘날 어느 나라에서나 사랑받는 세계적인 요리가 되었어요.

신들의 음식 초콜릿

중앙아메리카에 살던 고대 마야 인들은 코코아나무를 신의 나무로 여겼고, 코코아 열매로 만든 음료 역시 신들이 마시는 음료라고 생각했어요.

14~16세기에 번성했던 멕시코의 아즈텍 인들 역시 코코아 열매를 화폐로 사용할 만큼 귀중하게 여겼고, 신에게 제사를 지낼 때면 코코아 열매를 갈아 만든 성스러운 신의 음료인 '소코아틀'을 마시곤 했지요.

16세기 대항해 시대, 스페인의 정복자 코르테스가 아즈텍 문명이 있는 중앙아메리카에 도착했어요. 아즈텍 인들은 하얀 얼굴에 번쩍이는 은빛 갑옷을 입고, 해가 뜨는 동쪽 바다에서 온 코르테스를 전설에 나오는 신이라고 생각했어요. 아즈텍의 왕, 목테수마는 동쪽 바다에서 온 신을 위해 성대한 잔치를 열었어요. 침략자인 스페인 사람들에게 소코아틀 음료까지 내주며 극진히 대접한 셈이지요. 그러나 정작 스페인 정복자들은 아즈텍 인들의 환영 따위에 관심이 없었어요.

"잔치도 좋지만 우리에겐 지금 보물이 필요해. 보물은 어디 있나?"

목테수마는 코르테스를 코코아나무가 가득한 왕실 정원으로 안내했어요. 아즈텍 인들에게 보물이란 신의 열매, 코코아였으니까요.

"이런 열매 따위 말고, 금을 내놓으란 말이야!"

금에 눈이 멀었던 스페인 정복자들은 마침내 본색을 드러냈어요. 자신들을 신으로 떠받들던 아즈텍 인들을 무참히 죽이고 재물을 약탈했지요.

그 후, 스페인의 중앙아메리카 진출이 더욱 본격화되면서 많은 유럽 인들이 건너왔어요. 그들은 금세 코코아 음료의 맛에 매혹되었어요. 특히 선교를 하러 중앙아메리카에 간 수녀들이 소코아틀에 설탕과 크림을 넣어 먹는 것을 매우 즐겼다고 해요.

아즈텍 신들의 음식, 코코아는 유럽 본토까지 전해졌어요. 유럽 사람들은 코코아 가루에 설탕과 크림, 바닐라를 넣어 초콜릿 음료로 만들어 먹었는데, 상류층 특히 귀족 부인들 사이에서 크게 유행했어요.

이후 액체였던 초콜릿을 틀에 넣고 증발시켜 고체로 만드는 기술이 개발되었고, 1875년에는 스위스의 다니엘 피터가 우유를 넣은 밀크 초콜릿을 개발해, 오늘날 우리가 즐기는 초콜릿이 만들어졌답니다.

선조에게 사랑받다 버려진 도루묵

　도루묵. 도토리묵이나 메밀묵 같은 묵이려니 하겠지만 도루묵은 생선 이름입니다. 이런 이름을 얻게 된 것은 조선의 선조 임금에 얽힌 일화 때문이지요.

　임진왜란이 일어나자 선조는 한양을 떠나 피난길에 올랐어요. 쳐들어오는 왜구를 피해 도망치듯 떠난 길이라 수라(임금에게 올리는 밥을 높여 이르는 말)를 만들 식재료까지 챙길 틈이 없었죠. 그날도 수라상 차릴 걱정에 한숨을 쉬고 있던 수라간 궁녀들에게 반가운 소식이 들렸어요.

　"동해에서 많이 잡히는 물고기인데, 이것으로 수라를 올리시지요."

궁녀들은 어부들이 가져온 신선한 생선을 구워 상에 올렸어요.

"오호, 놀라운 맛이로다. 내 온갖 산해진미를 다 먹어 봤지만 이런 기막힌 맛은 처음이구나. 이 생선의 이름이 무엇인고?"

선조는 상에 오른 생선을 맛보고 감탄했어요.

"묵이라 하옵니다."

"묵? 맛에 비해 너무 소박한 이름이구나. 이제부터 이 생선을 은어라 부르도록 하여라."

이후로도 은어는 피난지에서 고생하는 선조의 근심을 달래고 입맛을 돋우었지요.

임진왜란이 끝나고 다시 한양으로 돌아온 선조는 전쟁으로 황폐해진 나라를 복구하느라 여전히 근심이 많았어요. 백성들의 삶은 말할 수 없이 곤궁해졌고, 신하들은 서로 공을 차지하려고 안달이 났으니까요. 그러던 어느 날 선조는 문득 피난지에서 먹던 은어가 생각났어요.

"은어가 먹고 싶구나."

그런데 수라상에 올라온 은어를 반갑게 덥석 맛본 선조는 이마를 찌푸렸어요. 피난지에서 먹던 은어의 맛과 산해진미가 가득한 궁궐에서 다시 맛본 은어의 맛은 하늘과 땅 차이였어요.

"에이, 은어는 무슨 은어. 도로 묵이라고 하여라."

사람들은 선조 임금이 피난지에서 귀하게 여기던 은어를 궁궐로 돌아와 다시 '묵'이라 했다 하여 '도로묵'이라 불렀어요. 이것은 그 후 발음이 변해 '도루묵'이 되었답니다.

도쿠가와 이에야스를 죽인 덴푸라

"어머, 저기! 사람이야 귀신이야?"

1571년, 일본 정부가 네덜란드 상인들에게 나가사키 항을 열자, 일본 사람들은 처음 보는 서양인의 생김새에 깜짝 놀랐어요.

"세상에나, 분을 뒤집어 쓴 것처럼 허연 얼굴에 파란 눈동자라니!"

이후 일본은 네덜란드 상인들을 통해 서양 문물을 활발히 받아들였어요.

"동양에 있는 작은 섬나라에 갈 수 있는 길이 생겼대."

"그래? 그건 분명히 그 나라에 기독교를 전하라는 하나님의 뜻일 거야."

나가사키 항이 열리자, 네덜란드 상인과 함께 포르투갈의 선교사들도 일본에 들어왔어요.

어느 날, 선교사들은 새우에 튀김옷을 입혀서 기름에 튀겨 먹고 있었어요.

"서양 사람들이 이상한 걸 먹고 있어."

튀김을 본 적이 없던 일본 사람들은 선교사 주위에 몰려들었어요. 일본인들에게 포르투갈 선교사들은 신기한 구경거리였답니다. 생긴 모습도, 그들이 하는 행동도 모두 신기했거든요.

"그 음식이 뭔가요?"

"오, 지금은 콰투오르 템포라라서 고기 대신 해산물을 튀겨 먹고 있어요."

일본어를 잘 못하던 선교사들은 사람들의 질문에 엉뚱한 대답을 했어요. '콰투오르 템포라'는 가톨릭교에서 계절이 시작될 때, 사흘간 고기 대신 해산물을 먹으며 하나님의 은혜에 감사하는 의식이에요.

"테, 템푸라? 아, 덴푸라! 이 음식이 덴푸라군요."

일본 사람들 역시 선교사의 대답을 제대로 이해하지 못해 음식 이름으로 잘못 알아듣고 말았지요.

포르투갈 선교사들에 의해 전해진 튀김 요리, 덴푸라는 이후 일본 사람들 사이에 퍼져 일본인 모두가 즐기는 요리가 되었어요. 일본 최대 권력자였던 도쿠가와 이에야스도 덴푸라를 무척 좋아했는데, 무슨 이유인지 덴푸라를 먹고 건강이 나빠져 3개월 만에 세상을 떠났다는 일화도 있지요.

호조 판서를 만들어 준 잡채

"도대체 먹을 만한 게 없어. 당장 상을 치워라!"

광해군이 호통치는 소리가 문밖까지 쩌렁쩌렁 울렸어요.

"매일 저렇게 역정을 내시니 무서워서 수라를 올릴 수가 있나."

상궁들은 갈수록 까다로워지는 광해군의 입맛을 맞출 수 없어 전전긍긍했어요.

처음 왕위에 올랐을 때 광해군은 조선을 태평성대로 이끌 거라 다짐했지만, 시간이 지날수록 자신의 개혁적인 정책에 반발하는 신하들에 둘러싸여 점점 자신을 잃어 갔어요. 결국 향락과 방탕 속으로 몸을 숨기고 말았지요.

"산해진미라도 지겹다. 뭐 다른 게 없느냐?"

그날도 술과 연회에 빠져 있던 광해군에게 이충이라는 신하가 새로운 음식을 올렸어요. 곱게 채 썬 야채와 고기를 볶아 한데 섞은 그 요리는 광해군의 입맛을 사로잡았어요.

"저희 집안에서 귀한 손님을 대접할 때 올리는 음식이온데, 전하의 입에도 맞으실지 모르겠습니다."

"내 입에 딱 맞는 맛이로다. 이 음식의 이름이 무엇이냐?"

"잡채이옵니다."

"잡채라! 과인을 즐겁게 한 공이 크니, 이충을 호조 판서에 임명한다."

광해군에게 음식을 바쳐 벼슬을 얻은 사람은 이충만이 아니에요.

"전하의 옥체(임금의 몸)를 보존하시는 것이 나라를 평안하게 하는 길이옵니다."

한효순이라는 관리는 사삼(지금의 더덕)으로 음식을 만들어 바쳤고, 기분이 좋아진 광해군은 그를 정승으로 승진시켰답니다.

당시는 민간에서도 벼슬을 사고파는 일이 흔해, 백성들의 원성이 높던 시절이었어요. 그런데 이런 비리를 경계해야 할 임금이 마음 내키는 대로 관직을 내리니 나라가 온전할 수는 없었겠지요. 백성들은 이를 두고 "잡채 판서가 나오더니, 사삼 정승이 생겼구나."라며 한숨을 쉬었답니다.

광해군이 먹은 잡채는 요즘 잡채와 달리 당면이 들어가지 않았어요. 잡채에 당면이 들어간 것은 1900년대 초 황해도 사리원에 당면 공장이 생긴 이후로 추정해요. 당면은 야채와 고기로만 만들던 잡채에 쫄깃한 식감을 더해 줘서 이제는 빠질 수 없는 중요한 재료가 되었지요.

광해군이 폐위 직전에 먹었던 음식 꽈배기

　1623년 3월 어느 날, 광해군은 총애하는 김 상궁을 곁에 두고 창덕궁에서 연회를 열어 낮부터 거나하게 취해 있었어요. 이때 다급한 발걸음 소리가 들렸어요.
　"전하, 지금 반란군이 한양으로 몰려온다는 보고가 있습니다. 이대로라면 오늘밤 궁궐로 들이닥칠 것이옵니다."
　그러나 술에 취해 있던 광해군에게는 '인조반정'을 알리는 중대한 보고가 귀에 들어오지 않았어요. 인조반정이란 인조를 새로운 왕으로 추대하는 반대파 신하들에 의해 광해군이 왕위에서 쫓겨난 사건을 가리킵니다. '인조반정'이라는 말을 그대로 풀면 '인조가 잘못된 것을 바로잡았다'라는 뜻이지요.

"커, 술맛이 좋구나. 자네들도 한잔 들게."

"전하, 지금……."

"어허, 걱정 말고 들라니까!"

"전하, 여기 마화병도 드셔 보셔요. 술안주로는 그만이에요."

옆에 앉아 있던 김 상궁은 냉큼 마화병을 집어 광해군 입에 넣어 주었지요.

"어, 맛이 아주 좋구나. 으하하."

잠시 뒤 자신에게 닥칠 운명도 모른 채, 광해군은 술에 취해 신선놀음을 하고 있었어요.

결국 그날 밤, 광해군은 궁궐을 습격한 반란군에 의해 왕위를 내놓고 유배당하는 신세가 되었어요. 곁에서 마화병을 권하던 김 상궁도 목숨을 잃었지요. 폐위 직전 광해군이 술안주로 먹었다는 마화병이 바로 꽈배기랍니다.

마화병은 우리나라 사람들에게 생소한 이름이에요. 중국 옛 책에 자주 등장하는데, 요즘으로 치면 딱딱한 꽈배기 과자와 같은 음식이랍니다. 중국에서도 궁중에서만 주로 먹었을 만큼 고급 음식이었다고 하지요.

인절미

임씨가 만들어 인조에게 올린 떡

　1624년, 조선 인조 임금은 한양을 떠나 피난을 가고 있었어요. 평안 병사(평안도의 군대를 지휘하는 벼슬) 이괄이 반란을 일으켜 한양까지 점령해 버렸기 때문이에요. 이괄은 인조반정으로 광해군을 몰아낼 때 인조를 도와 큰 공을 세웠던 신하예요. 일등 공신이 되기에 충분한 공을 세웠지만, 다른 신하들에 밀려 제대로 상을 받지 못한 데다가 멀리 평안도로 밀려나는 바람에 불만이 쌓였던 거예요.

　추운 겨울, 공주로 피난 가는 인조의 심정은 참담했어요. 신하에게 배신을 당한 것도 마음 아팠고, 왕위뿐 아니라 목숨까지 위태로운 처지가 서글프기도 했지요.

'아, 이제 나는 어떻게 될 것이며, 이 나라의 앞날은 또 어떨 것인가?'

공주의 공산성에 도착한 인조는 지칠 대로 지쳐 있었어요. 먼 길을 오느라 배도 몹시 고팠죠. 그때, 한 신하가 콩고물 묻힌 떡을 가지고 왔어요.

"전하, 민가에서 바쳐 온 별식이옵니다. 드시고 기운을 차리시옵소서."

인조는 떡을 한 입 베어 물었어요. 떡의 고소한 맛과 쫄깃한 식감이 기가 막혔고, 인조는 눈 깜짝할 사이에 다 먹어 치웠지요. 금세 괴로운 마음이 사라지고 기운이 솟는 것 같았죠.

"이렇게 맛있는 떡이 있었다니. 이 떡의 이름이 무엇이냐?"

"떡의 이름은 듣지 못하였사옵니다."

"그러면 이 떡을 올린 사람은 누군가?"

"경황이 없어 떡의 이름도, 올린 사람의 이름도 묻지 못하였습니다. 단지 인근에 사는 임씨 성을 가진 자라 들었습니다."

"음. 그러면 이제부터 이 떡의 이름을 임절미라 부르자."

인조는 이 떡을 '임씨 성을 가진 사람이 썰어서 만든 떡'이라는 뜻으로 '임절미'라 부르도록 했어요. 임절미는 후에 부르기 쉽도록 '인절미'로 바뀌었답니다.

인절미는 찹쌀로 만들어 쫄깃하고 끈끈한 성질이 있어 과거 시험에 붙기를 기원하는 음식이 되었어요. 과거 보는 날이면 한양에는 인절미를 파는 떡장수들이 늘어섰다고 합니다. 이 풍속이 남아 지금도 시험 보는 학생들에게 찹쌀떡을 선물하곤 하지요.

농장 일꾼과 죄수들이 먹던 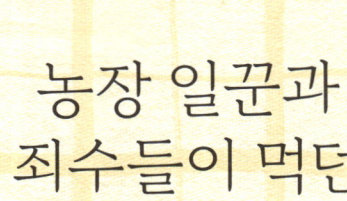 랍스터

"농장 주인이 무슨 일로 우리를 부르는 걸까?"

"어쨌든 잘됐어. 농장 주인이 뭐라든지 우리 뜻을 분명하게 전하자고!"

1622년, 미국 매사추세츠 주의 한 농장 일꾼들은 주인이 자신들을 한자리에 불러 모으자 그간의 불만을 털어놓기로 마음먹었어요.

이들은 새로운 삶을 꿈꾸며 신대륙인 미국으로 모여든 이민자들이었어요. 당시 영국의 식민지였던 미국은 유럽 인들에게 모험과 기회의 땅으로 여겨졌어요. 미국에 도착한 유럽 이민자들 중 일부는 농장 일꾼이 되었는데, 일은 고

되고 먹을 것마저 늘 부족했어요.

"자자, 다 모였습니까?"

일꾼들이 모이자, 농장 주인은 큰 소리로 이야기를 시작했어요.

"새로운 삶을 개척하기 위해 먼 미국까지 오신 여러분들을 환영합니다."

"쳇, 환영 따위는 필요 없소. 지금 우리가 얼마나 열악한 환경에서 일하고 있는 줄 아시오? 제일 급한 건 음식이오. 배가 고파 죽을 지경이란 말이오!"

"일을 하려면 힘을 낼 수 있게 충분한 음식을 줘야 할 거 아니오!"

"바로 그 문제 때문에 제가 여러분을 이 자리에 모은 것입니다. 아시다시피 식량이 부족해 농장에서는 여러분에게 빵을 제공할 수 없게 되었습니다."

"뭐, 빵을 줄 수 없다고? 그럼 도대체 우리더러 뭘 먹으라는 거요?"

성난 일꾼들의 항의에 주인은 말을 이었어요.

"제가 드릴 수 있는 것은 물 한 잔과 랍스터뿐입니다."

요즘은 랍스터(바닷가재)가 고급 요리지만, 17세기 미국 매사추세츠 주와 메인 주에서는 일꾼들에게 빵 대신 랍스터를 주었을 정도로 지천에 널려 있었지요.

그러나 19세기에 들어서며 상황은 달라졌어요. 교통이 발달하자 랍스터는 다른 지역으로 팔려 나가기 시작했고, 그 맛에 반해 찾는 사람들이 많아지면서 가격도 점점 비싸졌지요. 가난한 사람들이 먹던 랍스터가 이제는 미국 전역에서 고급 레스토랑의 최상급 요리로 탈바꿈했답니다.

사실 유럽에서는 랍스터가 예전부터 고급 요리 중 하나였어요. 1세기 로마의 요리책에는 랍스터 조리법과 어울리는 와인이 소개되어 있었고, 15세기 이후 유럽에서 랍스터는 우아한 분위기 속에서 연인들이 사랑을 싹 틔울 때 먹는 음식으로 알려졌답니다.

마온 항 전투의 승리를 기념하는 마요네즈

　1756년, 유럽은 전쟁의 소용돌이에 휘말렸어요. '7년 전쟁'이라고 불리는 이 전쟁은 비옥한 슐레지엔 지방을 프로이센에게 빼앗겼던 오스트리아가 다시 이 지역을 찾기 위해 벌인 것이지요. 오스트리아는 프랑스, 스웨덴, 러시아 등과 동맹을 맺고, 프로이센은 영국과 동맹을 맺어 싸웠어요. 마치 세계 대전처럼, 유럽의 힘 있는 나라들이 두 편으로 나뉘어 전쟁을 벌인 것이지요.

　지중해 연안, 메노르카 섬의 마온 항에서도 전투가 벌어졌어요. 그 섬은 영국 해군의 서부 본거지였는데 리슐리외 공작이 이끄는 프랑스군이 영국군을 물리치고 큰 승리를 거두었어요. 공작은 기쁨에 겨워 파티를 준비하라고 명령했어요.

"우리의 숙적, 영국 놈들을 물리쳤으니 축하 파티를 열자!"

하지만 요리사는 기가 막힐 노릇이었어요.

"도대체 뭘 가지고 파티를 준비하라는 거야? 오랫동안 전쟁을 하느라 재료도 마땅히 없는데."

"걱정 말아. 여기 메노르카 섬은 먹을거리가 풍부한 낙원이라고."

요리사는 원주민들의 도움으로 야채, 과일, 고기 등 식재료를 충분히 구할 수 있었어요. 하지만 문제는 소스였죠.

"소스 재료라곤 달랑 달걀하고 기름뿐인데……. 될 대로 되라지."

요리사는 기름과 달걀을 넣고 마구 휘저었어요. 그런데 생각지도 못한 하얀 소스가 만들어졌고 고소한 맛이 일품이었어요.

"색다른 맛이군. 이 소스 이름이 뭔가?"

리슐리외 공작을 비롯하여 소스를 맛본 사람들은 그 맛에 반해 물었지요.

"이름은 아직 없습니다. 방금 개발한 소스거든요."

"음, 그럼 마온 항에서 만든 거니 마요네즈라고 하면 어떤가?"

마온 항 전투의 승리를 축하하기 위해 프랑스 요리사가 개발한 마요네즈는 '마온'이라는 항구 이름에 '-풍', '-식'이라는 뜻의 접미사를 붙인 것이에요. '마온풍' 또는 '마온식'이라는 의미를 담고 있지요. 마요네즈는 식물성 기름과 달걀노른자, 식초 그리고 약간의 소금과 후추처럼 어느 곳에서나 쉽게 구할 수 있는 재료로 만들어요. 고소한 맛이 과일이나 야채와 잘 어울려 오늘날 가장 폭넓게 쓰이는 소스 중 하나로 자리 잡았답니다.

카레

인도 마살라에서 변한 영국식

　인도에는 카레가 없다고요? 아니에요. 인도 사람들이 늘 먹는 음식이 카레지요. 다만 인도에서 카레는 강황, 계피, 후추 등등 여러 가지 향신료를 원하는 대로 골라 섞어 만든 '마살라'로 만드는데 그 가짓수가 엄청나지요.

　마치 예전에 우리가 집집마다 간장, 고추장을 담가 먹었던 것처럼 인도 사람들도 집집마다 입맛에 맞는 마살라를 만들어 먹는답니다. 그러니까 인도에는 카레를 만드는 기본양념인 마살라의 가짓수만큼이나 다양한 종류의 카레가 있는 셈이지요.

인도 사람들은 마살라에 소금과 물을 넣고 끓여 만든 카레를 밥이나 고기 등 여러 재료에 곁들여 먹었는데, 인도를 찾아온 많은 영국 사람들이 그 맛에 매료되었답니다.

"인도 음식은 참 신기한 매력이 있어. 처음에는 향이 너무 강해서 역겨웠는데, 한번 맛을 들이니 자꾸만 생각이 나더라고."

"자네도 인도 음식을 좋아하는 모양이군. 나도 인도 음식에 푹 빠졌다네."

영국인 워렌 헤이스팅스도 마찬가지였지요. 1772년, 인도에 살면서 마살라 맛에 빠져 있던 그는 많은 양의 마살라와 쌀을 영국으로 가져왔어요. 그리고 왕궁 연회 등 여러 모임에서 마살라를 이용한 요리를 선보였죠.

"어머, 이 요리는 뭐죠? 독특한 향과 맛이 매력적이군요."

마살라로 만든 인도 요리를 맛본 유럽 사람들은 모두들 그 맛에 감탄했어요. 사람들이 인도 요리를 좋아하는 걸 알게 된 영국의 한 식품 회사는 이 음식을 모든 사람들이 즐길 수 있는 간편한 상품으로 개발했지요.

"우선 영국인들의 입맛에 맞게 매운맛을 줄이자고."

"물만 부어 끓이면 손쉽게 먹을 수 있도록 간편하게 만들어야 해."

"인도 사람들은 마살라로 만든 국물 요리를 카레라고 부르니, 이 상품의 이름을 카레라고 하면 좋겠군."

이렇게 만들어진 카레는 영국을 넘어 세계 곳곳에 퍼져, 오늘날 누구나 손쉽게 카레를 즐길 수 있게 되었답니다.

사람이 평등하니 빵도 평등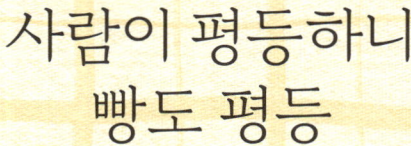

　크고 길쭉한 생김새 덕에 눈에 잘 띄는 바게트는 프랑스를 상징하는 빵이에요. 그 시작이 프랑스 혁명과 관계가 깊기 때문이지요.

　18세기 프랑스는 인구의 2퍼센트밖에 안 되는 성직자와 귀족들이 대부분의 토지를 소유하고 있었어요. 나머지 사람들은 토지를 빌려 쓰고 세금을 내느라 힘겨운 생활을 해야 했어요. 반면, 귀족들은 베르사유 궁에 모여 먹고 마시며 사치와 향락을 즐겼지요.

　이런 불평등은 음식에서도 나타났어요. 지금이야 돈만 있으면 누구나 어떤 빵이든 살 수 있지만, 이 당시 유럽에서는 빵도 신분에 따라 정해져 있어서 부드러운 흰 빵은 귀족들만 먹을 수 있었어요.

"흰 빵은 우리 같은 귀족들을 위해서 신이 만든 음식이야. 고귀한 귀족들은 소화 기관이 약해서 부드러운 빵을 먹어야 하거든."

"농민들이야 돼지나 소처럼 거칠고 딱딱한 음식을 먹어야 일을 더 열심히 할 수 있다고."

귀족들의 이런 오만한 태도는 결국 1789년 프랑스 혁명을 불러왔고, 시민과 농민들은 왕과 귀족들을 몰아내고 권력을 손에 쥐었어요. 시민 계급이 중심이 된 프랑스 국민 의회는 '빵의 평등권'을 선포했답니다.

"권력이 있든 없든, 부자든 가난한 사람이든 누구나 똑같이 질 좋은 흰 빵을 먹을 권리가 있다."

국민 의회는 법으로 빵의 길이는 80센티미터, 무게는 300그램으로 정하여, 시민 모두가 똑같이 질 좋은 빵을 먹을 수 있도록 했어요. 이렇게 만들어진 빵이 바로 바게트예요. 프랑스 말로 '막대기'라는 뜻이지요.

바게트는 밀가루, 소금, 물, 이스트만 써서 만드는 빵이에요. 버터나 우유, 계란을 넣지 않아 씹을수록 담백하고 고소한 맛이 나서 오늘날, 프랑스뿐만 아니라 전 세계에서 즐겨 먹는 빵이 되었죠. 프랑스 혁명 정신에서 비롯된 바게트는 모든 사람이 차별 없이 질 좋은 빵을 먹을 권리가 있다는 '평등권'을 상징하는 빵이랍니다.

프랑스 군인들은 전쟁터에서도 바게트를 먹었어요. 바게트는 겉이 딱딱하고, 수분이 적어서 휴대하기도 편하고 잘 상하지 않아 훌륭한 전투 식량이 되었거든요. 뿐만 아니라 밤에는 베개처럼 베고 자기도 했다지요.

프라이드치킨

흑인 노예들의 소울 푸드

　세계인이 즐기는 프라이드치킨이 본래는 흑인들이 먹던 '소울 푸드'라는 것 알고 있나요? 소울 푸드란 미국 흑인들이 즐겨 먹는 음식을 가리켜요. 흑인들이 즐겨 부르는 음악을 '소울 뮤직'이라고 하는 것처럼 말이죠.
　"엄마, 닭 날개는 먹기 싫어요."
　"먹지 마라. 그건 노예들이 먹을 거야. 여기 살 많은 부위를 먹으렴."
　노예 제도가 한창이던 시절, 미국 남부 백인들은 닭고기 요리가 나오면 닭 날개나 발, 목 등은 먹지 않았어요. 백인들은 닭을 주로 오븐에 구워 먹었기 때문에 가슴이나 허벅지 부위의 부드러운 살만 먹었답니다.

"아이고, 아까워라. 주인님이 닭 날개를 또 버리셨네."

백인 가정에 노예로 있던 흑인들에게 백인들이 먹다 버린 닭 날개는 너무나 맛있는 영양식이었어요. 늘 배가 고팠던 이들은 살이 별로 없는 닭 날개를 뼈째 씹어 먹었죠.

"뼈까지 먹을 수 있게 요리하는 방법이 없을까?"

"기름에 바짝 튀겨 먹어 봐. 뼈까지 바삭해진다니까."

기름에 바짝 튀긴 닭 날개는 먹기도 편하고 맛도 고소했어요. 더구나 힘든 육체노동을 하는 노예들에게 튀김 요리는 배가 든든해지는 영양식이었죠.

흑인들이 먹기 시작한 프라이드치킨은 곧 백인들의 식탁에도 올라가게 됐어요. 백인 가정의 요리사가 바로 흑인 노예였기 때문에 자신들이 먹던 방식대로 살코기 부분도 기름에 바짝 튀겨 주인의 식탁에 내놓기도 했으니까요.

"음, 이 새로운 닭 요리가 맛있는걸. 겉은 바삭하게 튀겨 고소하고, 안쪽 살코기는 아주 부드러워."

백인들의 입맛까지 장악한 프라이드치킨은 미국 전역으로 퍼져 나갔어요.

노예제가 있던 시절, 백인 농장 주인이 버린 식재료를 가지고 흑인 노예들이 만들어 먹던 땀과 눈물과 가슴 아픈 역사가 배어 있는 음식, 소울 푸드. 대표적인 소울 푸드인 프라이드치킨은 미국 남부를 상징하고 또 미국을 대표하는 패스트푸드이자 미국을 넘어서 우리들에게도 친근한 음식이 되었답니다.

아편 전쟁의 패배로 탄생한 탕수육

　돼지고기 튀김을 새콤달콤한 소스와 함께 먹는 탕수육. 우리나라뿐 아니라 전 세계인이 즐기는 중국의 대표 요리지만 그 역사는 그리 길지 않지요.

　19세기 중엽, 중국 청나라는 영국과 활발히 무역을 하고 있었어요. 영국 사람들은 청나라의 도자기, 차, 비단 등을 너무나 좋아해 앞다퉈 사 갔지만, 청나라 사람들은 영국이 팔려고 가져온 면직물을 거의 사지 않았어요.

　시간이 지날수록 무역을 통해 돈을 버는 쪽은 청나라였어요.

　"더 이상 손해만 볼 순 없어. 청나라에 팔 물건이 뭐 없을까?"

"아편을 팝시다. 지금 식민지인 인도에 아편을 엄청나게 심어 놓았거든요."

이렇게 해서 영국은 아편을 청나라에 팔기 시작했어요. 아편은 진통제나 마취제로 쓰이는 약품이지만, 많은 양을 쓰면 환각에 빠지고 강한 중독을 일으키는 마약이기도 해요. 수많은 중국인들이 아편에 중독되어 갔어요.

"영국 놈들 때문에 온통 중독자 천지로군. 당장 아편을 빼앗고 아편을 팔지 않겠다는 서약서를 받아라."

화가 난 청나라 황제는 영국 상인들의 아편을 빼앗아 구덩이에 묻어 버리고는 영국과의 무역을 전면 중단했어요. 이 일을 계기로 영국과 청나라는 전쟁을 벌였고, 청나라는 서양 오랑캐라며 우습게 여기던 영국에 크게 패하고 말았어요. 홍콩이 약 150년간 영국의 식민지가 되었던 것도 이 '아편 전쟁'에서 졌기 때문이죠.

이후 청나라의 여러 항구들이 개방되면서 많은 영국인들이 중국에서 살게 되었는데, 음식이 입에 맞지 않은 데다 젓가락 같은 낯선 도구를 사용하자니 큰 불편을 느꼈어요.

"도대체 청나라 음식은 우리 입맛에 맞지도 않고, 젓가락인지 뭔지로는 집어 먹기도 힘들어."

차츰 청나라 사람들은 영국인들을 위한 음식을 만들었어요. 육식을 좋아하는 영국인들 입맛에 맞고 서툰 젓가락질로도 쉽게 먹을 수 있게, 돼지고기를 한입 크기로 썰어 튀겨 내고 달콤한 소스를 뿌린 요리였어요.

아편 전쟁에서 패한 후, 영국인들의 입맛에 맞추기 위해 개발된 요리, 탕수육은 영국인들뿐 아니라 다른 외국인들의 입맛까지 사로잡아 중국을 대표하는 음식이 되었지요.

프랑스 화학자가 만든 가짜 버터 — 마가린

 나라 안에 전염병이 돌아 갑자기 많은 가축들이 죽어 나가자 프랑스 황제 나폴레옹 3세는 큰 고민에 빠졌어요.
 "큰일이군. 가축 수가 줄어들면 식량 공급에 문제가 생길 텐데……."
 우려대로 가축이 줄어들자, 프랑스 인들이 즐겨 먹는 유제품 공급에도 문제가 생겼어요. 가장 큰 문제는 요리할 때 필요한 버터가 부족해진 거였어요.
 "버터 가격이 하늘을 찌르는구먼."
 "찾는 사람은 많은데 구하기가 힘드니 가격이 올라갈 수밖에."

버터는 프랑스 사람들이 요리를 할 때 아주 많이 사용하는 재료예요. 그런 까닭에 전쟁터에서조차 꼭 필요한 군수품이었죠.

"전쟁을 앞두고 버터가 부족해지다니 걱정이군."

프랑스는 당시 독일 연방과 전쟁을 앞두고 있는 상황이었어요. 나폴레옹 3세는 치솟은 버터 가격을 안정시키고, 군수 물품을 확보하기 위해 특별한 방법을 생각해 냈어요. 바로 버터 대용품 만들기 대회를 개최한 거였죠. 1869년에 열린 이 경진 대회 출품작 중 가장 눈에 띈 것이 바로 '마가린'이었답니다.

"세상에, 마가린이란 제품 말이야. 버터랑 정말 똑같아."

"뭐가 버터고, 뭐가 마가린인지 구별을 못하겠더라고."

메주 무리에라는 화학자가 개발한 마가린은 소기름과 우유를 섞어 만든 제품이었는데 맛도 모양도 버터와 많이 비슷했지요. 무리에의 마가린은 프랑스보다 미국에서 더 큰 인기를 끌었어요. 1871년 미국 뉴욕에서 '인공 버터'라는 이름으로 대량 생산되자, 미국인들은 값도 싸고 식감은 버터와 비슷한 마가린을 즐겨 먹게 되었어요.

마가린이라는 이름은 본래 고대 그리스 어인 '마가론(진주)'에서 따온 것이라고 해요. 무리에가 자신이 만든 버터 대용품이 진주처럼 빛이 나는 걸 보고 지어 준 이름이랍니다.

과거에는 소기름 외에도 생선 기름이나 고래기름 등 동물성 기름을 이용해 마가린을 만들다가 오늘날에는 주로 식물성 기름을 이용해 마가린을 만들어요. 여기에 풍미를 더하고 영양을 보충하기 위한 여러 시도들을 하고 있어요.

커틀릿의 변신 돈가스

돈가스의 '돈'은 돼지를, '가스'는 '커틀릿'을 가리켜요. 일본 사람들이 커틀릿을 '커츠레즈'라고 부르다가 줄여서 '카츠'로 불렀고, 우리나라에 와서는 '가스'가 되었지요. 서양 요리였던 '커틀릿'이 돈가스가 된 사연은 일본 요리사 시마다 신지로의 이야기에서 시작되지요.

"우리 일본 사람들도 커츠레츠를 먹으면 좋겠는데……."

일본 왕실 요리사였던 시마다는 고기 요리를 잘 먹지 못하는 일본인들을 생각하며 한숨을 쉬었어요.

"커츠레츠? 그게 뭔데요?"

"서양 요리인데, 뼈가 붙어 있는 송아지 고기나 돼지고기, 양고기 등에 소금, 후추로 간을 한 다음 프라이팬에 지져 낸 음식이야. 하지만 이런 요리를 우리 일본 사람들이 먹을 리 없지."

일본은 7세기에 불교를 받아들이면서 육식 금지법을 만들었어요. 그 후, 1872년 메이지 왕이 그 법을 없애기까지 일본 사람들은 1,000년 넘게 고기를 먹지 않았어요. 메이지 왕은 일본인도 서양인들처럼 고기를 먹어야 체력이 생기고 체격도 커질 거라고 생각해 고기 먹기를 장려했지요.

하지만 오랫동안 고기를 먹지 않던 일본 사람들에게 고기는 누린내 나는 역겨운 식품이었어요.

"그래! 일단 먹기 불편한 뼈는 빼 버리고, 고기는 납작하고 평평하게 만들어서 먹기 좋게 튀겨 내자."

시마다는 서양의 커틀릿을 일본 사람들도 먹기 편한 고기 요리로 변형했어요. 그리고 도쿄에 개업한 식당의 새 메뉴로 돈가스를 소개했지요.

"돈가스? 돼지고기로 만든 요리라고? 난 싫어."

"얼마나 맛있는데. 고기 누린내도 안 나고 우리 일본인 입맛에도 딱 맞아."

시마다 신지로의 돈가스는 1,000년 넘게 이어 온 육식 금지법 때문에 고기를 못 먹던 일본 사람들의 입맛을 사로잡아 지금까지 인기를 누리는 음식이 되었답니다.

우리나라에 돈가스가 들어온 것은 일제 강점기 때, 일본인에 의해서예요. 당시 경양식 집에서는 돈가스와 함께 비프가스, 햄버그스테이크 등 일본식 서양 음식들을 팔았답니다.

제물포 개항과 함께 들어온 화교의 역사 — 자장면

　19세기 말, 청나라와 일본, 러시아와 같은 힘센 나라들이 조선을 차지하기 위해 호시탐탐 기회를 노리고 있었어요. 가까이 있던 청나라가 먼저 이권과 자원을 챙기기 위해 조선에 군대를 파병했지요.

　"이대로 있다가는 일본 놈들이 먼저 조선을 통째로 삼켜 버릴지도 몰라."

　청나라 군대가 들어오자 산둥 반도에 살고 있던 청나라 사람들도 함께 제물포(지금의 인천)를 통해 조선에 들어왔어요. 하지만 얼마 지나지 않아 군대를 따라 들어온 청나라 사람들은 조선에 온 것을 후회하게 되었어요.

"우리 군대가 일본에 지고 벌써 청나라로 도망을 갔대."

"아니 그럼, 조선에 남겨진 우리들은 어떻게 되는 거야?"

미처 돌아가지 못한 청나라 사람들은 살길을 찾아야 했어요. 어떤 사람들은 소작농, 또 어떤 사람들은 보따리 장사를 했지요. 또 그중 일부는 음식점을 시작했어요.

"일본인과 돈 많은 조선인을 상대로 음식점을 여는 거야."

이들 화교(외국에 사는 중국 사람)들은 자신들이 즐겨 먹던 중국 요리를 만들어 팔 생각이었죠. 길거리에서 간단히 먹던 북경식 자장면이 제격이었어요. 만들기 쉽고 먹기도 편했으니까요. 하지만 이 자장면에 넣는 발효 소스는 당시 조선인이나 일본인이 좋아하지 않는 맛이었어요. 게다가 소스를 만들 때 돼지기름을 듬뿍 넣어서 느끼했지요.

"조선인과 일본인 입맛에 맞게 새로운 자장면을 개발해야 해."

화교들은 중국에서 쓰던 소스 대신 조선인과 일본인의 취향에 맞는 춘장을 볶아서 자장면 소스로 썼어요.

"직접 손으로 면을 만들고, 춘장을 돼지고기와 함께 볶는 거야."

"볶을 때 파를 많이 넣으라고. 돼지비계의 느끼한 맛이 사라지도록. 게다가 파를 볶으면 단맛이 나니까 더 맛있어질 거야."

이렇게 개발된 자장면의 맛은 고소하면서도 느끼하지 않고, 춘장의 구수함과 파의 달콤함이 어우러져 조선인과 일본인의 입맛을 동시에 사로잡았죠. 오늘날 자장면은 파 대신 양파를 넣어 더 진한 달콤한 맛을 맛볼 수 있답니다.

전쟁의 폐허에서 탄생한 라면

값싸고 맛있어 전 세계 사람들의 열렬한 사랑을 받고 있는 라면!

라면을 개발한 사람은 일본인 안도 모모후쿠라는 사람이에요.

제2차 세계 대전 동안 일본은 모든 물자와 식량을 전쟁에 쏟아 부었어요. 그러나 전쟁에서 패했고, 일본인들은 극심한 굶주림과 가난에 시달렸어요. 미국에서 밀가루를 무상으로 보내 왔지만, 쌀에 익숙한 일본인들은 밀가루 음식을 쉽게 받아들이지 못했지요.

밀가루 사업을 하던 모모후쿠는 일본인들 입맛에 맞는 밀가루 음식이 없을까 고민하던 어느 날, 튀김을 먹다가 재미있는 생각을 떠올렸어요.

"밀가루로 만든 국수를 튀기면 어떨까? 일본 사람들은 튀김을 좋아하니까, 튀겨 낸 국수도 좋아할 거야."

생각만큼 국수를 맛있게 튀기기가 쉽지는 않았지만 실패를 거듭한 끝에 모모후쿠는 새로운 음식을 개발하게 되었어요.

"밀가루로 만든 국수를 튀긴 다음 완전히 말려서 수분을 없앴다가 다시 뜨거운 물에 끓이면 부드러운 국수가 되는군."

그리하여 1958년 마침내 닛산식품이라는 회사에서 세계 최초의 인스턴트 라면, '치킨 라면'을 세상에 내놨어요. 이후 닭 뼈를 우려낸 국물을 가루 수프로 만드는 기술도 개발해 냈어요. 치킨 라면은 모모후쿠의 예상대로 일본인 입맛에 딱 맞아 큰 인기를 누렸어요.

라면이 우리나라에 들어온 것은 1963년이었어요. 삼양식품 회장은 남대문 시장을 방문했다가 큰 충격을 받았어요. 남루한 차림의 사람들이 음식 찌꺼기를 끓인 '꿀꿀이죽'을 사 먹기 위해 길게 늘어서 있는 것을 보았거든요.

"굶주림에 허덕이는 우리 동포를 위해 라면을 들여와야겠어."

이처럼 전쟁 후 가난과 굶주림에 시달리던 일본에서 라면이 만들어졌고, 우리나라에서도 라면은 서민들의 주린 배를 채워 주는 음식으로 대접받았어요. 지금도 복잡한 요리 도구나 특별한 솜씨가 없어도 누구나 짧은 시간에 조리가 가능한 간편식으로 인기를 누리고 있지요.

컵라면 역시 모모후쿠의 아이디어였어요. 어느 외국 상인이 라면을 부수어 컵에 넣는 것을 보고 아이디어를 얻어 1971년, 뜨거운 물만 부어 먹을 수 있는 컵라면을 개발했어요.

부대찌개

미군 부대에서 먹다 남은 소시지로 끓인

　다른 사람이 먹다 버린 음식을 보고 군침을 흘려 본 적 있나요? 안타깝게도 60여 년 전 우리 할아버지와 할머니의 모습이 정말 그랬답니다.

　1950년 한국 전쟁이 일어나자 한반도 전역이 전쟁터로 변했어요. 국군과 북한군은 한 치의 양보도 없이 밀고 밀리는 격렬한 전투를 치렀고, 400만 명이나 되는 사람들이 목숨을 잃었답니다. 게다가 온 국토가 심하게 훼손되어 농사를 지을 수 없어 살아남은 사람들도 굶어 죽을 판이었지요.

　"전쟁의 포화 속에서 간신히 살아남았건만, 이제 와서 굶어 죽겠구나."

"그런 약한 소리 말게. 어떻게든 살아남아야지."

굶어 죽을 지경인 한국인들에게 미군 부대의 음식 찌꺼기는 귀한 식량이었어요. 미군 부대에 드나들며 일하던 사람들에게 뒷돈을 주고 음식 찌꺼기와 남은 음식 재료를 사서 물을 잔뜩 붓고 죽을 끓여 먹었답니다. 걸쭉하게 끓인 이 음식을 '꿀꿀이죽'이라고 불렀지요. 꿀꿀이죽은 그날 미군 부대에서 어떤 음식을 먹었느냐에 따라 맛이 달라졌어요.

"오늘 먹은 죽에서 햄이 나왔어. 하하."

"겨우 그걸 가지고 호들갑 떨긴. 난 고깃덩어리가 나왔다고."

"쳇, 난 담배꽁초가 나왔다네."

전쟁 통 굶주림의 상징인 꿀꿀이죽에서 발전한 음식이 바로 부대찌개예요. 부대찌개는 미군 부대에서 나오는 햄과 소시지 등에 고추장이나 김치 같은 한국 음식을 섞어 끓인 퓨전 음식이랍니다.

"김치와 고추장을 넣으니 얼큰해서 우리 입맛에 딱 맞는군."

사람들은 이 찌개를 미군 부대에서 나온 식재료들로 만들었다고 해서 '부대찌개' 또는 '부대 고기 찌개'라고 불렀지요.

전쟁이 끝나고 한참 지난 1960년대에도 남대문 시장에는 꿀꿀이죽을 파는 집이 있었어요. 가난한 사람들은 시장에서 파는 꿀꿀이죽으로 근근이 끼니를 때우곤 했었지요. 우리 할거니, 할아버지 들이 전쟁의 폐허 속에서 살아남기 위해 먹었던 부대찌개는 아픈 기억을 뒤로 하고 요즘엔 별미로 즐기는 음식으로 자리 잡았답니다.

양반집 요리에서 서민들의 대표 간식이 된 떡볶이

　이 골목 저 골목, 길거리 어디서나 쉽게 만날 수 있는 떡볶이 가게는 우리나라 사람들이 떡볶이를 얼마나 사랑하는지 보여 주는 증거예요.

　본래 떡볶이는 양반집에서 먹던 고급 음식이었어요. 흰 가래떡에 소고기와 당근, 양파, 표고버섯, 숙주 등 여러 가지 야채를 넣고 한데 볶아 간장으로 간을 한 고급 요리였지요. 지금도 '궁중 떡볶이'라는 이름으로 전해 오는 음식이 바로 전통 떡볶이예요.

　그렇다면 우리들이 즐겨 먹는 고추장 떡볶이가 등장한 것은 언제일까요?

한국 전쟁으로 온 나라가 힘들던 시절, 신당동 한편에 자리 잡은 작은 가게 안에서 주인이 가래떡으로 음식을 만들고 있었어요. 그런데 전쟁이 일어나기 전에 먹던 흰 가래떡과는 조금 달라 보였죠.

"이런 전쟁 통에 쌀로 가래떡을 뽑는 건 사치지. 밀가루로도 떡을 만들 수 있어서 정말 다행이야."

주인은 밀가루로 만든 떡을 고추장에 매콤하게 볶아 냈어요. 전쟁 중이라 전통 떡볶이처럼 고기와 야채들을 구할 수는 없었죠.

"아, 배고파! 주인장 그거, 한 접시 주쇼."

손님이 자리에 앉자 주인은 접시 가득 떡볶이를 담아 주었어요.

"부족하면 얘기하세요. 밀가루 떡이라 값도 싸니 양껏 드세요."

후한 인심에 기분이 좋아진 손님은 고추장 떡볶이 맛을 보고 만족했어요. 허기진 배나 채울까 하는 생각이었는데, 맛까지 일품이었거든요.

"세상에, 떡과 고추장이 이렇게 잘 어울리다니. 이 정도면 한 끼 식사로도 거뜬하겠구려."

고추장 떡볶이 맛은 주인의 넉넉한 인심과 함께, 돈 없고 배고픈 서민들 사이에 입소문이 났고, 주변에 고추장 떡볶이 가게들이 많이 생겨났어요.

양반들의 별미였던 떡볶이는 한국 전쟁을 겪으며 밀가루 떡과 고추장이라는 소박한 재료의 음식으로 변했어요. 대신 싼값으로 가난한 서민들의 허기를 달래 주면서 국민 간식으로 새롭게 탄생하였답니다.

1800년대 말에 쓰인 《시의전서》는 떡볶이의 조리법이 찜과 같다고 기록하고 있어요. 지금은 떡볶이를 볶아서 먹지만 과거 양반들은 떡과 고기, 야채를 넣고 양념장을 뿌려 은근한 불로 쪄 냈답니다.

2장
웃음보가 터지는 음식

MENU

포테이토칩
단무지
도넛

두부
럼주
막걸리
미역국
사시미
소주
캔 햄
시리얼
신선로

붕어빵
육개장
쫄면
청국장
콜라
프렌치프라이
핫도그
햄버거

껌
치즈
샌드위치

화가 난 요리사의 비장의 솜씨 포테이토칩

　19세기 중반, 미국 뉴욕의 한 음식점에서 소란이 일어났어요. 한 손님이 감자튀김을 앞에 두고 불평을 하고 있었거든요.

　"아니, 누가 이런 감자튀김을 만들었어? 이건 너무 두껍잖아!"

　당황한 매니저는 요리사, 조지 크램에게 감자튀김을 다시 만들라고 지시했어요.

　"나 참! 다른 사람들은 맛있게 잘만 먹던데, 뭐가 두껍다는 거야."

　크램은 투덜거리며 새로 감자튀김을 만들었어요.

"이만하면 됐겠지? 참 까다로운 손님이야."

하지만 이번에도 손님은 만족하지 못했어요.

"도대체 요리사가 감자튀김 하나 제대로 못 만들고 뭐하는 거야. 감자튀김의 생명은 바삭함이라고!"

또다시 감자튀김을 만들어야 하는 크램은 화가 머리끝까지 났어요. 바쁜 시간이라 성가시기도 했지만 무엇보다 자존심이 상했으니까요.

"뭐, 바삭함이 생명이라고? 어디 두고 보자."

크램은 손님을 약올리려는 심정으로 감자를 지나치다 싶을 정도로 얇게 썰어 최대한 바삭하게 튀겨 냈지요.

"흥, 소원대로 아주 얇은 감자튀김이라고. 포크로 찍어 먹을 수도 없을걸."

그런데 크램이 튀겨 낸 감자튀김을 맛본 손님은 칭찬을 아끼지 않았어요.

"와우, 최고야! 정말 바삭하군. 내가 찾던 맛, 그 이상이야."

까다로운 손님은 아주 만족스럽게 식사를 하고 요리사의 솜씨를 칭찬했어요. 손님에게 본때를 보여 주고 싶었던 크램은 오히려 쑥스러워졌지요.

'음, 보통 감자튀김보다 얇아서 진짜 바삭하고 고소한걸. 이걸 새 메뉴로 만들면 어떨까?'

까다로운 손님 덕분에 종잇장처럼 얇게 튀겨 낸 새로운 감자튀김은 그 음식점의 인기 메뉴가 되었어요. 바삭거리는 맛이 일품인 이 요리가 바로 지금의 포테이토칩이랍니다.

일본 스님의 이름을 딴 단무지

'다꽝'이라고도 불렸던 단무지는 본래 일본 음식인데, 일본 말로 '다쿠안'이랍니다. 우리식으로 발음하다 보니 다꽝이 된 거지요. 단무지라는 우리말로 고쳐 쓰기 전에는 많은 사람들이 다꽝이라고 불렀어요.

무를 소금과 쌀겨에 절여 만든 노란 다쿠안. 그런데 다쿠안이 일본의 유명한 스님 이름이란 사실을 알고 있나요?

약 400년 전, 다쿠안 스님은 에도(지금의 도쿄)에 동해사라는 절을 세우고 수도 생활을 하고 있었어요. 어느 날, 일본의 최고 지도자인 쇼군 일행이 갑자기

이 절을 방문했어요. 갑작스런 방문에 동해사 스님들은 분주해졌어요. 특히 음식을 맡은 스님은 준비된 식재료가 마땅치 않아 어쩔 줄 몰랐지요.

"다쿠안 스님, 귀한 손님들이 오셨는데 대접할 음식이 없으니 어쩌죠?"

곰곰이 생각하던 다쿠안 스님은 말했어요.

"소금과 쌀겨에 절여 둔 무를 꺼내 오게나."

"아니, 그런 하찮은 음식으로 대접이 되겠습니까?"

"음식은 정성이 아닌가. 정성을 다하는 마음이면 충분하네."

잠시 후, 하얀 쌀밥에 노랗게 절인 무가 쇼군 앞에 차려졌어요. 비록 반찬은 볼품없었지만 스님들의 정성이 가득 담긴 밥상이었죠.

그 정성 덕분인지 쇼군은 밥 한 그릇을 뚝딱 비웠답니다.

"정말 잘 먹었소. 입맛을 돋게 하는 이 노란 음식은 이름이 무엇이오?"

"이름 같은 건 없지요. 그저 스님들이 소금에 절여 먹는 무입니다."

"이렇게 맛있는데 이름이 없어서야 되겠소? 다쿠안즈케라고 부르면 되겠군. 하하하!"

'다쿠안즈케'는 '다쿠안 스님이 절인 채소'라는 뜻입니다. 쇼군이 맛있게 먹었던 절인 무, 다쿠안즈케가 서민들에게 전해지며 간단히 '다쿠안'으로 불리게 된 것이지요.

입맛 까다로운 아이의 아이디어 도넛

　여러분도 혹시 맛있는 도넛에 구멍이 뚫려 있어 아쉬운가요? 도대체 도넛에 구멍이 있는 이유는 뭘까요?

　도넛에 구멍을 뚫게 된 것은 미국에 살던 한슨 그레고리가 생각해 낸 아이디어랍니다.

　"엄마! 도넛이 또 설익었어요!"

　그레고리는 가운데 부분이 설익은 도넛을 내보이며 불만을 터트렸어요.

　"어머, 미안하구나. 다 익은 것처럼 보였는데······."

그레고리의 엄마가 튀겨 주는 도넛은 맛있긴 했지만 가운데 부분이 설익곤 했거든요.

"다음번에는 꼭 가운데까지 익혀 주세요."

"얘야, 그런데 어쩔 수 없단다. 가운데까지 익도록 오래 튀기면 끝부분이 타 버리거든."

어쩔 수 없이 그레고리는 도넛을 먹을 때마다 설익은 부분을 따로 떼어 버리곤 했어요. 그러다가 아예 도넛을 튀기기 전에 가운데 부분을 떼어 버리면 좋겠다고 엄마에게 이야기했어요.

"음, 그럴 듯한 생각이구나."

엄마는 그레고리의 말대로 도넛 반죽의 가운데를 떼어 냈어요.

"이렇게 하면 반죽도 절약이 되겠구나."

"가운데 구멍이 뚫려 있으니 모양도 재미있는걸요."

도넛에 구멍을 내서 튀기자 설익는 부분이 없어졌어요. 구멍 뚫린 도넛은 이웃들에도 인기가 있었지요.

"그레고리네 도넛 먹어 봤어?"

"응. 구멍 뚫린 도넛 말이지? 골고루 바삭하게 익어서 더 맛이 있더군."

가운데 부분이 설익어 먹기 불편했던 도넛은 그레고리의 아이디어 덕분에 구멍이 뚫린 튜브 모양의 도넛이 되었답니다.

밀가루 반죽을 기름에 튀겨 내 고소하고 달콤한 맛이 일품인 도넛! '도넛'이라는 이름의 유래는 그 재료와 관련이 깊은데, 밀가루 반죽이란 뜻의 '도우' 위에 견과류인 '넛'을 올렸다고 해서 '도우넛'으로 불리게 되었다지요.

신선이 되기를 꿈꾸던 왕의 발명품 두부

　　기원전 2세기, 한나라를 세운 유방의 손자였던 유안은 회남 지역의 왕으로 책봉되었어요.
　　"우리 회남의 임금님은 얼마나 학식이 뛰어난지 몰라."
　　유안은 학식과 인품이 훌륭해 사람들로부터 존경을 받았어요.
　　"학식만 아니라 인품도 훌륭하시지. 오랫동안 도를 닦으셔서 그런가 봐."
　　더군다나 도교 사상에도 조예가 깊어 도를 수련하는 사람들 중에 그를 따르는 이가 많았답니다.

"도사들을 불러 모아라. 함께 수련을 하며 도를 깨우쳐야겠다."

도를 닦아 신선이 되고 싶었던 유안은 전국에서 모여든 도사 중 내공이 깊은 여덟 명과 함께 팔공산으로 들어가 경전을 읽으며 수련을 시작했어요.

"도를 닦는 사람은 적게 먹어야 합니다. 더불어 육식을 해서도 안 되지요. 육식을 하면 인간적인 욕망에서 벗어날 수 없습니다."

그는 아침마다 샘에서 길어 온 맑은 물에 콩을 갈아 먹었어요.

"콩국이 고소하기는 한데 간을 좀 해야겠구나. 소금을 조금 넣어야겠다."

간을 맞추기 위해 콩국어 소금을 넣자, 알갱이들이 서로 뭉글뭉글 뭉치면서 엉기는 게 아니겠어요? 맛을 보니 고소하고 부드러워 마치 신선들이 먹는 음식처럼 느껴졌지요.

"신선이 되고자 도를 닦으니, 신선의 음식을 선물 받았구나. 하하."

깊은 산속에서 자연과 하나 되어 자연이 선물한 음식, 두부를 먹으며 수련을 하니 유안은 점점 내공이 깊어지는 것 같았지요. 팔공산에서 내려온 뒤에도 유안은 두부를 즐겨 먹었고 백성들에게도 두부를 먹도록 했어요.

"두부 만드는 곳을 여러 곳에 세우고 백성들 모두가 먹을 수 있도록 하여라."

2,000년 전에 도를 닦으려 콩국을 먹던 회남 왕 유안에 의해 만들어진 두부는 한국과 일본 등 다른 아시아 지역에도 전파되어 단백한 맛을 지닌 영양가 높은 식품으로 오래도록 사랑받고 있지요.

뱃사람들의 생명수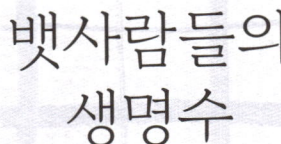

　15세기 말, 아메리카에 발을 디딘 탐험가 콜럼버스를 기억하나요? 많은 유럽 인들이 큰 배를 타고 미지의 세계를 향해 탐험을 떠났던 그 시기를 '대항해 시대'라고 부른답니다.

　대항해 시대! 바다로 나간 선원들의 마음에는 꿈과 모험이 가득했을까요? 천만의 말씀! 실제로 선원들은 온갖 전염병과 힘든 노동에 시달렸어요. 그중에서도 가장 견디기 힘든 것은 목마름이었지요. 마실 물을 가득 싣고 항해를 떠나도 대양의 뜨거운 열기와 습기 때문에 세균이 번식해 곧 구정물로 변해 버리고 말았으니까요. 세균이 득실거리는 구정물을 먹어야 하는 선원들은 복통과 설사로 죽어 갔어요. 태 안은 죽음의 공포와 쉴 틈 없는 고된 노동에 시달리는 선원들의 신음으로 가득했지요.

"온갖 전염병으로 동료들이 죽어 나가고, 마실 물도 없으니 선원들의 사기가 말이 아닙니다. 뭔가 방법이 없을까요?"

"맥주는 어떨까? 저번에 보니 맥주는 물처럼 쉽게 상하지 않더군!"

확실히 알코올이 들어간 맥주는 물보다 덜 상했어요. 선장들은 물 대신 맥주나 포도주를 배에 실었지간 그 또한 오래가지는 못했어요.

"위스키처럼 알코올 도수가 높은 술이 아니면 모두 상해 버리는군."

"그렇다고 위스키처럼 비싼 술을 어떻게 살 수 있겠나……."

선원들에겐 위스키처럼 도수가 높고, 맥주처럼 값싼 술이 필요했답니다.

1651년, 영국의 식민지 바베이도스 섬에서 사탕수수즙을 증류시켜 럼주를 만들었어요. 설탕을 만들고 남은 사탕수수 줄기들을 끓여서 만든 술이라 가격은 싸고 알코올 도수는 높아 선원들이 먹기에 제격이었지요.

"럼주가 있으니 살맛이 나는군. 우리 뱃사람들에게는 생명수나 다름없지."

힘든 노동과 갈증에 시들렸던 선원들은 구정물을 먹지 않아도 되고, 한잔 술로 노동의 고통도 잊을 수 있어 럼주를 생명수라고 여기며 좋아했답니다.

대항해 시대, 뱃사람들이 두려워한 벌은 '금주령'이었어요. 럼주를 못 먹으니 차라리 매를 맞겠다고 사정을 할 정도였죠. 비록 럼주가 갈증을 해소해 주긴 했지만 독한 술을 물처럼 마신 선원들은 늘 술에 취해 살았어요. 결국 대부분은 알코올 중독자가 되고 말았지요.

철종 임금이 좋아한 술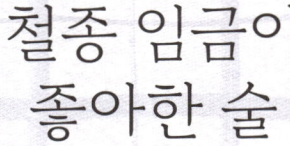

막걸리는 오랜 시간 우리 민족과 함께해 온 전통술이에요. 백성들의 아픔을 달래 주고 잠시나마 시름을 잊게 해 주는 소박한 술이었죠. 이런 막걸리를 유독 좋아했던 조선 시대 왕이 있었어요.

"강화에서 먹었던 막걸리가 그립구나."

조선 25대 임금, 철종은 산해진미로 차려진 술상을 앞에 두고도 막걸리 생각이 간절했어요. 그는 원래 몰락한 왕실 가문의 후손으로, 어린 시절 강화도에서 농사를 짓고 막걸리를 마시던 평범한 농부였답니다. 그런데 24대 임금

헌종이 갑자기 후손 없이 죽는 바람에 생각지도 못하게 왕위에 올라 궁궐에서 살게 되었어요.

하루아침에 농부에서 왕이 된 철종은 까다로운 왕실의 법도와 무거운 책임에 눌려 지내는 것이 답답했어요. 한잔 술로나마 괴로움을 달래고 싶었지만 왕궁의 고급 술은 입에 맞지 않았죠.

"중전, 막걸리가 마시고 싶소."

그러나 중전 또한 양반가의 여인이다 보니 그런 술은 본 적도 없었어요. 난감해하던 차에, 친정집에서 일하던 계집종이 막걸리를 가져왔어요.

"제 남편이 마시는 술인데, 장안에서 가장 맛 좋은 막걸리라 하옵니다."

철종은 계집종이 가져온 막걸리를 마시고는 크게 만족했어요.

"바로 이 맛이구나! 날마다 한 병씩 올리도록 하여라."

농부였던 철종은 자유로웠던 강화도 생활이 그리울 때마다 막걸리로 시름을 달래었고, 막걸리를 나르던 관리에게 큰 벼슬을 내리기도 했어요.

막걸리는 '막 걸러 낸 술'이라는 뜻으로 붙여진 이름이에요. 우리 전통술은 쌀이나 찹쌀을 찐 다음 누룩과 섞어서 담그는데, 10여 일 정도 두면 위쪽에 맑은 술이 뜨고, 밑으로 탁한 술이 가라앉지요. 위쪽에서 뜬 맑은 술은 '청주'나 '약주'라고 하는데, 주로 상류층들이 먹었어요.

청주를 뜨고 남은 부분은 휘저어 체로 한 번 걸러서 뿌옇고 탁한 상태로 마셨는데, 이게 서민들의 술 '탁주' 곧 막걸리랍니다.

고래 따라서 먹은 음식

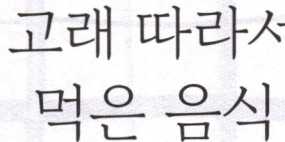
미역국

　시험을 앞둔 수험생들이 기피하는 음식 중 하나가 미역국이에요. 미끌미끌한 미역의 질감 때문에 시험에서도 쭉 미끄러질 거라는 생각에서죠. 반대로 시험에 철썩 붙으라고 끈적끈적한 엿이나 찹쌀떡을 시험 전에 먹기도 해요. 미신이라고 비웃을지 모르지만, 음식에까지도 시험에 꼭 붙고 싶은 소망을 담는 간절함을 느낄 수 있지요.

　생일에 미역국을 먹는 풍습에도 아무 탈 없이 건강하게 살기를 기원하는 마음이 담겨 있어요. 아기가 태어난 후 산모가 처음 먹는 하얀 쌀밥과 미역국은 본래 삼신할머니에게 바치는 제물이었답니다. 삼신할머니는 아기를 점지해 주고, 아기가 건강하게 태어나고 자라도록 도와주는 수호신이에요. 삼신할머니에게 아기의 건강을 기원하며 드린 제물이 오늘날에는 산모가 먹는 음식으로, 그리고 생일날 먹는 음식으로 이어진 거예요.

그런데 산모에게 하고 많은 음식 가운데 미역국을 먹게 하는 이유는 무엇일까요?

옛날 옛적 어떤 사람이 바다에서 헤엄을 치다가 끙끙거리며 애를 쓰고 있는 고래 한 마리를 보게 되었어요. 가만히 보니 고래가 새끼를 낳고 있는 게 아니겠어요? 그런데 고래는 새끼를 낳자마자 입을 크게 벌리더니, 바닷물을 힘껏 들이켰어요. 그 바람에 그 사람도 고래 배 속으로 빨려 들어가고 말았지요.

잠시 후 정신을 차린 사람은 깜짝 놀랐지만, 이내 진정하고 고래 배 속을 찬찬히 둘러보았답니다.

"아니, 고래 배 속에 미역이 왜 이렇게 많지? 아하, 고래는 새끼를 낳고 미역을 먹네. 새끼 낳은 고래에게 미역이 보약인 모양이군. 그렇다면 사람에게도 마찬가질 거야."

고래 배 속에서 빠져나온 사람은 이 사실을 사람들에게 알렸답니다. 그 후 아기를 낳은 산모에게 미역국을 주는 것이 우리나라의 풍속이 되었다지요. 실제로 미역은 자궁 수축에 도움이 되고 지혈 작용이 뛰어나며 피를 맑게 해 주는 효능이 있어 산모들에게 매우 좋은 식품이랍니다.

생일날 챙겨 먹는 음식은 나라마다 달라요. 우리나라에서 미역국을 먹는 것처럼, 중국에서는 장수를 기원하는 의미로 장수면(국수)을 먹는답니다.

생선에 꽂은 이름표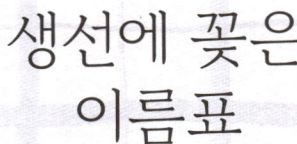

생선회를 일본 말로 '사시미'라고 불러요. 사실 사시미는 '몸을 찌르다' 또는 '몸에 꽂다'라는 뜻으로, 생선과는 큰 관계가 없어 보여요. 그런데 어쩌다 생선회가 이런 이름을 갖게 된 것일까요?

"오늘 귀한 손님이 방문하기로 한 것 잊지 않았겠지? 특별한 음식과 술로 극진하게 대접해야 하네."

일본 무사 정권 시대 오사카 성에 살고 있던 한 장군은 손님 맞을 준비로 분주했어요. 특히나 식사 대접에 신경 쓸 것을 주방장에게 신신당부했지요.

"걱정 마십시오, 장군님."

마침내 귀한 손님이 오고, 주방장이 정성껏 준비한 산해진미가 한 상 가득 차려졌어요. 상다리가 휘도록 차려진 진귀한 음식 앞에서 손님은 기분이 좋아졌답니다. 생선회만도 열 가지가 넘게 올라 있었거든요.

생선회를 맛본 손님은 그 신선하고 담백한 맛에 감탄을 연발했어요.

"음, 정말 맛이 좋군. 생선마다 맛이 다른데, 이건 무슨 생선인가?"

생선 이름을 묻는 손님의 질문에 답하기 위해 장군은 요리사를 불렀어요.

요리사는 각각의 회 옆에 해당하는 생선의 지느러미를 꽂으며 재치있게 생선 이름과 부위를 설명했어요.

"이 생선의 이름은 농어입니다. 이 부위는 뱃살인데 기름기가 많아 고소한 맛이 일품이지요."

요리사의 설명을 들으며 맛보니, 생선회가 한층 더 맛있게 느껴졌어요. 손님과 장군은 요리사를 크게 칭찬하며 만찬을 즐겼답니다.

"회는 썰어 놓으면 무슨 생선인지 알기가 어려워. 이제부터 생선회 위에 이름표를 꽂아 놓아야겠군."

그 후 요리사는 회를 준비할 때마다 생선 이름을 적은 깃발을 회에 꽂아 상에 올렸어요. 꽂는다고 해서 이것을 '사시미'라고 불렀지요. 비록 지금은 생선회에 꽂는 이름표는 없어졌지만, 사시미라는 이름은 남아 생선회를 뜻하는 말이 되었어요.

몽골을 거쳐 전해진 페르시아 위장약 소주

　우리나라에서 많이 마시는 대표적인 술이 소주예요. 그런데 사실, 소주는 우리나라 고유의 술이 아니랍니다.

　13세기 초, 당시 고려는 무신들이 나라를 마음대로 주무르는 통에 국력이 약해져 있었어요. 이때 중국 땅에 새롭게 등장한 몽골 제국의 원나라가 고려를 침략했지요.

　"북쪽 오랑캐 놈들이 쳐들어왔다. 우리 모두 목숨 바쳐 싸우자!"

　조정과 관군이 항복했음에도 불구하고 삼별초(무신 정권이 만든 특수 군대)를 비롯한 고려 백성들이 끝까지 대항했지만, 전쟁에 단련된 원나라를 상대하기엔 역부족이었어요. 결국 원나라는 고려를 점령하는 데 성공했고 곧바로 또 다른 야심을 품었어요.

"자, 고려를 점령했으니 이제 일본으로 건너가 볼까?"

원나라는 일본 공격을 위해 우리나라 안동과 제주도에 오랫동안 군대를 주둔시켰어요. 이때 몽골 군인들을 통해 전해진 것이 바로 소주예요.

"몽골 군인들의 술 먹어 봤어?"

"아이고, 말도 마. 그놈들은 독하기도 하지. 그런 술을 어찌 먹는지, 원."

"대신 빨리 취하고 기분이 좋아지더라고."

고려 사람들은 독한 소주를 낯설어 했지만 곧 그 맛에 빠져들었죠. 이후, 소주는 조선 시대를 거쳐 개량되면서 우리 입맛에 맞는 술로 거듭났어요.

그런데 1960년대 군사 정권이 들어서면서, 전통 방법으로 만드는 소주를 팔지 못하게 했어요.

"들었는가? 이제 소주를 만들면 경찰서에 끌려간다는구먼."

"밥 굶는 사람도 많은데 아까운 쌀로 술을 만들 수 없다고 금지하는 법을 만들었대. 아이고, 이제 맛난 소주 마시기는 다 틀렸어."

소주는 본래 페르시아에서 위장약으로 쓰던 '아라크'라는 도수 높은 술을 몽골 제국이 페르시아를 정복했을 때 가져온 것이에요.

옛날 소주는 쌀이나 보리, 옥수수 같은 곡물을 발효하고 증류해서 만들었어요. 그런데 군사 정권 시절에 곡물로 소주 만드는 것을 금지하면서, 값싼 재료로 만든 주정(순도 95% 이상의 에탄올)에 물과 감미료를 섞어 만들기 시작했어요. 요즘 마시는 소주가 대부분 이런 방법으로 만들어지고 있지요.

버려진 고기의 화려한 부활 — 캔 햄

모락모락 김이 나는 밥에 캔 햄을 얹어 먹으면 밥 한 그릇이 금세 뚝딱 비워지지요? 원래 캔 햄은 버리는 고기로 만들기 시작했다고 해요.

1920년대, 미국의 식품 회사인 호멜 사는 육류 가공 업체였어요. 주로 돼지를 잡아 햄을 만들었는데 어깨 쪽에 붙은 살은 모두 버려야 했어요.

"돼지 어깨 쪽엔 살점이 적고 뼈도 너무 많은 데다 맛도 떨어져 햄으로 만들기가 곤란해."

"오히려 돈을 주고 버려야 한다고."

그런데 호멜 사의 경영진들은 버려지는 어깨 살이 아까웠고, 이를 처리하기 위해 드는 비용을 줄이기 위해 고심했어요.

"살을 모두 발라내서 양념을 한 다음 캔에 담아 팔면 어떨까요?"

"양념이 되어 있다면 캔에서 꺼내 바로 구워 먹을 수 있겠네. 굉장히 편하겠는걸."

고민을 거듭한 끝에 호멜 사에서 만들어 낸 양념한 어깨 살 통조림 이름이 바로 '스팸'이에요. 스팸은 선풍적인 인기를 끌었어요. 먹기도 편했지만 짭짤한 감칠맛이 사람들의 입맛을 사로잡았지요. 게다가 보통 고기보다 값이 싸서 가난한 사람들도 맘 놓고 사 먹을 수 있었어요.

그러다 스팸이 태평양을 건너 유럽에 전해진 것은 제2차 세계 대전 때였어요. 독일군의 폭격으로 영국에 식량이 부족해지자, 동맹국이었던 미군은 영국 군인들과 국민들에게 비행기로 식량을 공급해 주었는데 그중에 스팸도 있었답니다.

"캔에 들어 있는 이 음식은 뭐지? 고기야, 햄이야?"

"고긴지 햄인지 모르겠지만 이거라도 먹어야지. 독일군이 하루가 멀다 하고 머리 위에 폭탄을 떨어뜨리고 있는데, 언제 한가하게 음식을 해 먹겠어."

영국 사람들도 전쟁 보급품으로 먹어 본 캔 햄의 맛과 편리함에 곧 길들여졌어요.

버려지는 고기를 양념해서 팔기로 한 식품 회사의 아이디어 상품, 캔 햄은 이후 미군이 가는 곳마다 전해져 널리 알려졌답니다.

환자들을 위해 의사가 만든 영양식 시리얼

"맞아! 바로 저거야. 건강하려면 무엇을 먹는지가 중요해."

미국의 내과 의사인 존 켈로그 박사는 실베스터 그레이엄 목사의 설교를 듣고 무릎을 쳤어요. 건강 개혁가이기도 했던 그레이엄 목사는 건강의 기본은 식사라고 주장하여 열렬한 지지를 얻고 있었지요.

"우리 미국인들의 아침 식사를 보세요. 지나치게 육식 위주예요. 육식은 우리를 비만하게 만들고 건강을 위협합니다. 고기 대신 통밀 빵과 과일, 채소 위주로 식사를 해야 합니다."

미국인들이 아침 식사로 즐겨 먹는 계란, 소시지, 햄 등은 칼로리가 높고 지방이 많아 사람들이 비만해지기 쉬웠죠. 그레이엄 목사의 주장에 공감한 켈로그 박사는 곡물 위주의 새로운 식품 개발에 관심을 가졌어요.

그러던 어느 날, 켈로그 박사가 환자들의 식사 준비를 위해 옥수수 가루를 반죽했는데, 실수로 반죽이 딱딱하게 굳어 버렸어요. 반죽을 버리기엔 아까웠기 때문에 혹시나 반죽이 납작하게 펴지지는 않을까 하며 롤러에 넣어 돌렸어요. 옥수수 가루 반죽은 얇고 딱딱한 조각이 되어 나왔지요.

켈로그 박사는 이 조각들을 구워서 환자들에게 우유와 함께 제공했는데, 환자들의 반응이 무척 좋았지요.

"소시지를 먹을 때는 속이 더부룩했는데, 이 음식을 먹으니까 속이 편하고 소화가 잘되네요."

켈로그 박사의 동생은 1906년 '켈로그'라는 식품 회사를 차렸어요. 이렇게 좋은 영양식을 환자들뿐 아니라 미국인 모두가 아침 식사로 먹을 수 있도록 하겠다는 포부였지요.

이렇게 탄생한 켈로그 회사의 시리얼, '콘플레이크'는 곡물의 영양소를 그대로 담고 있을 뿐 아니라 소화가 잘되어 인기를 끌었어요. 무엇보다 바쁜 아침 시간, 우유만 부어 먹으면 되는 간편함이 인기 비결이었죠.

오늘날, 옥수수를 비롯해 다양한 곡물로 만든 시리얼은 미국 사람들뿐 아니라 전 세계인의 간편한 아침 식사를 책임지는 음식이 되었답니다.

시리얼은 우유에 말아 먹는 다양한 곡식이나 씨앗을 통틀어 가리키는 말이에요. 로마 신화 속에 등장하는 대지의 여신이자 곡물·풍요의 여신인 '케레스(Ceres)'에서 유래한 이름이랍니다.

이 산 저 산 들고 다니던 화로 신선로

"우리 조선에 바르고 귀한 인재가 나타났구나."

조선 시대 성종 임금은 정희량을 보며 흐뭇해했어요. 정희량은 장원 급제로 관직에 오른 젊은 학자인데, 맡은 일마다 성심껏 정성을 다했어요.

그는 성종이 세상을 떠난 후 새 임금이 된 연산군의 스승이었는데, 연산군은 정희량의 학문에 감탄하기는 했지만, 그 가르침대로 나라를 다스리지 않고 향락에 빠져 나라를 혼란스럽게 했지요.

정희량은 상소를 올려 연산군을 바른길로 이끌려고 했지만 오히려 당쟁에 휘말려 곤장 100대를 맞고 귀양 가는 신세가 되었어요.

"세속의 권력은 부질없는 것이건만 그 때문에 얼마 후면 조정에 피바람이 불겠구나."

귀양 갔다 돌아온 정희량은 벼슬을 버리고 깊은 산으로 들어가 버렸어요.

"하늘이 이불이고, 땅이 베개니 무엇이 부러우랴."

정희량은 속세를 떠나 신선처럼 이 산 저 산을 유유자적하며 떠돌았어요. 그는 어디를 가든 화로를 들고 다니며 배고플 때면 화로에다 여러 가지 풀과 고기를 넣어 끓여 먹었는데, 정희량의 화로에는 '신선로'라는 이름이 붙여졌답니다. '신선의 화로'라는 뜻이지요.

언젠가 깊은 산속에서 어떤 사람이 정희량을 만나 신선로를 대접받았다고 해요. 음식의 맛은 물론 음식을 만드는 정희량의 모습에 무척 감명을 받은 그 사람에 의해 신선로가 알려졌다고 하지요. 그 후 신선로는 궁중 요리가 되어 임금님의 수라상에 오르는 음식이 되었어요.

신선로는 가운데 화통이 있어서 그 속에 숯을 넣어 음식을 익히는 식기예요. 화통을 중심으로 갖가지 채소와 고기 등을 가지런히 넣고 국물을 부어 끓여 먹어요. 화통 덕에 음식을 먹는 내내 식지 않아 더욱 맛이 있지요. 궁중 음식이었던 신선로는 모양도 화려하고 맛도 좋아 요즘도 귀한 손님을 대접할 때 상에 올리곤 한답니다.

신선로는 '열구자탕'이라고 불리기도 하는데, 이것은 '입을 즐겁게 해 주는 탕'이라는 뜻이에요. 먹으면 입이 즐거워지는 음식이라니, 이름만으로도 얼마나 맛있는지 짐작할 수 있네요.

일본에서 건너온 겨울철 간식 붕어빵

추운 겨울날, 길거리 포장마차에서 호호 불며 먹는 붕어빵은 어른 아이 누구나 좋아하는 간식이에요.

물고기 모양의 틀에 반죽을 부어 구워 낸 탓에 '붕어빵'이라는 이름이 붙은 이 빵이 언제 등장했는지는 정확히 할 수 없어요. 아마도 1960~1970년대쯤, 하나둘 생겨나서 오늘날에는 동네 구석구석 없는 곳이 없을 만큼 퍼져 나가게 된 거라 짐작할 뿐이지요.

그런데 붕어빵이 등장하기 이미 오래 전에 붕어빵의 원조 격인 국화빵이 있었답니다.

"음, 맛있는 냄새! 뭘 파는데 이렇게 구수한 냄새가 나는 거지?"

"여기 포장마차에서 나는 거야."

일본이 우리나라를 점령하던 1930년대는 일본으로부터 여러 가지 문물이 들어오던 시기였어요. 음식도 마찬가지여서 일본에서 유행하던 음식들이 바다 건너 우리나라에 선보이기 시작했죠. 국화빵이 등장한 것도 바로 그때쯤이었어요.

"국화빵! 일본 사람들이 먹는 거래."

국화 모양으로 생긴 빵 굽는 틀을 일본에서 가져와 길거리에서 구워 팔던 국화빵은 맛도 있었지만 무엇보다 값이 쌌기 때문에 인기였어요.

"일본 놈들은 밉지만, 일본에서 온 국화빵은 미워할 수 없단 말이야."

사람들은 국화빵을 풀빵이라고도 불렀어요. 국화빵 반죽이 밀가루에 물을 부어 묽게 만든 풀 반죽과 같았기 때문이에요.

"아저씨, 반죽이 너무 묽어서 국화 모양이 제대로 나타나지도 않아요."

"빵을 많이 만들어 팔려견 어쩔 수 없다네. 밀가루에 물을 많이 넣어 반죽 양을 늘리는 수밖에. 그 덕에 사람들도 싼값에 국화빵을 배불리 먹을 수 있는 것 아닌가."

"하하, 그런가요?"

춥고 배고프던 시절, 국화빵과 붕어빵은 우리 할머니, 할아버지와 함께 가난을 넘기고, 이제는 국민 간식거리가 되어 우리들의 사랑을 받고 있답니다.

개고기 대신 소고기 육개장

"헉헉, 삼복더위 때문에 몸이 견디질 못하겠군."
"할 일은 산더미인데, 일할 기력이 없으니 큰일일세."
 농사일로 한창 바쁜 여름철, 농가에서는 무더위 때문에 일꾼들이 지쳐 손을 놓는 일이 벌어졌어요. 그도 그럴 것이 한여름 더위는 가만히 앉아 있어도 숨통이 콱 막힐 정도였으니까요.
"힘을 내려면 뭐니 뭐니 해도 고기를 먹어야 한다고."
"고기 구하기가 어디 그렇게 쉽나. 농사 밑천인 소를 함부로 잡아먹을 수도 없고."

"하하, 내 그럴 줄 알고 작년 가을부터 열심히 황구(누런 개)를 길렀지. 복날에 영양 보충을 위해서 말이야."

조선 시대 사람들은 더운 복날, 기운을 돋우기 위해 개고기에 고사리, 대파 같은 야채를 넣고 얼큰하게 '개장국'을 끓여 먹었어요. 개장국은 오늘날 개고기로 끓인 '보신탕'과 비슷한 음식이었는데, 육개장의 원조라고 볼 수 있지요.

개고기를 어떻게 먹을 수 있냐고요? 개고기는 고기를 쉽게 구할 수 없던 가난한 백성들이 단백질을 보충할 수 있는 유용한 영양식이었어요. 당시에는 개를 돼지나 소처럼 먹을 수 있는 식재료로 여겼어요. 하지만 양반들 중에는 개고기를 천하게 생각한 사람들도 있었어요.

"백성들이 개고기를 먹는다고?"

"예, 개장국 한 그릇이면 무더위도 거뜬히 이겨 낼 수 있습죠."

"개는 천한 것들이나 먹는 거지, 어떻게 양반이 그런 걸 먹을 수 있겠나."

"그럼 개고기 대신 소고기를 넣고 장국을 끓이면 어떨까요?"

"그거 좋은 생각이로군. 양반도 영양 보충은 필요하니까."

개고기를 꺼리는 양반들이 개고기 대신 소고기를 넣고 장국을 끓여 먹기 시작했는데, 이것이 바로 육개장이 되었답니다. '육'은 고기를 뜻하고, '개장'은 개고기를 넣고 끓였던 개장국을 의미하는 것이지요.

복날이면 조선 시대 왕들은 신하들에게 고기를 선물로 내렸답니다. 육개장 같은 고깃국을 끓여 나누어 먹으며, 더위를 물리치고 기운을 내 왕을 도와 나랏일을 열심히 하라는 의미였다고 해요.

인기 메뉴로 변신한 불량 냉면 — 쫄면

"아니, 이게 다 뭐야?"

1970년대 초, 인천에 있는 국수 공장에서 한바탕 소동이 벌어졌어요.

"냉면 면발이 왜 이렇게 굵어진 거야?"

가느다란 냉면 국수 대신에 면발이 굵은 국수가 광주리 가득 담겨 있었죠.

"죄송해요. 국수 기계에 구멍을 잘못 조절해서 면발이 굵어졌어요."

어이없는 실수를 한 직원은 고개를 들지 못했어요. 자기 때문에 국수가 모두 불량품이 되었으니 입이 열 개라도 할 말이 없었죠.

"내 참, 이렇게 질기고 굵은 국수를 어떻게 먹어!"

아깝지만 불량품이 된 국수를 팔 수는 없었어요. 그때 이 광경을 목격한 공장 옆 분식집 주인이 나섰어요.

"아휴, 이 아까운 국수를 다 버리려고요?"

"그럼 어쩌겠소. 냉면처럼 질긴데 굵기까지 한 걸 누가 사 가겠소."

"버릴 거면 절 주세요. 븐식집에서 시험 삼아 국수로 만들어 보죠, 뭐."

불량 냉면 국수를 가져간 분식집 주인은 고민에 빠졌어요. 큰소리치고 가져오긴 했지만 제대로 된 음식으로 만들기가 어려웠어요. 면발이 질기고 굵어서 간이 잘 배질 않았거든요.

"에구, 보통 양념 가지고는 안 되겠다. 고추장을 많이 넣어서 아주 매콤하게 만들어 봐야겠어."

마침내 분식점 주인은 각종 야채와 매콤한 고추장 양념을 곁들인 새로운 국수를 선보였어요. 이 국수가 바로 쫄면의 원조랍니다.

"요 앞 분식집에서 파는 새로운 국수 먹어 봤어? 맵고 달콤한 게 쫄깃쫄깃해. 오늘 학교 끝나고 가서 사 먹자."

쫄면은 새로운 유행에 민감한 학생들의 입맛을 사로잡았어요.

실수로 탄생한 불량 국수를 가지고 만든 새 메뉴는 학생들 사이에서 선풍적인 인기를 끌었고, 얼마 지나지 않아 분식집의 주요한 메뉴로 자리 잡았답니다. '쫄면'이라는 이름은 1970년대 초 인천의 '맛나당'이라는 분식집에서 처음으로 사용했다고 해요. 면발이 쫄깃쫄깃해서 맛나당 주방장이 쫄면이라고 이름 붙인 게 지금까지 이어지고 있지요.

말안장에서 발효된 비상식량 청국장

　삶은 콩을 발효시킨 청국장은 냄새는 요란하지만, 한국인만 아는 깊고 구수한 맛을 지니고 있지요. 그런데 청국장을 좋아하는 것은 우리만이 아니랍니다. 많은 아시아 국가에서 청국장과 비슷한 발효 음식을 먹고 있거든요. 가까운 일본에는 '낫토'가 있고, 중국에도 이와 비슷한 '더우츠'라는 음식이 있지요. 그 밖에 인도네시아, 네팔, 인도, 태국 등에서도 콩을 발효시킨 음식을 먹고 있어요.
　아시아 여러 국가에서 발효된 콩을 먹는 까닭이라면 콩이 많이 재배되고 건강에도 좋기 때문일 거예요. 그런데 처음 먹게 된 사연은 어쩌면 우연한 발견 덕이 아니었을까요?

"먼 길을 가자면 먹을 걸 잘 챙겨야 해. 난 콩을 삶아서 가져갈 거야."

"그게 좋겠군. 먹기도 편하고 배도 든든할 테니."

사람들은 여행 중에 먹을 비상식량으로 콩을 삶아 말안장 밑에 넣고 길을 떠났어요. 제법 시간이 흘러 지치고 허기진 여행자들은 끼니를 때우기 위해 말안장 밑에 넣어 둔 삶은 콩을 꺼냈죠.

"아이고, 배고파. 삶은 콩을 가져오길 잘했지 뭔가."

그런데 콩을 먹으려던 사람들은 깜짝 놀랐어요. 콩에서 이상한 냄새가 났거든요.

"다 상했잖아. 아까워서 이걸 어째."

"난 너무 배고파서 조금이라도 먹어야겠어."

배고픔에 억지로 콩을 먹은 여행자들은 생각보다 맛이 좋아 깜짝 놀랐어요.

"음, 냄새는 이상해도 맛은 썩 괜찮은데."

여행 중에 비상식량으로 먹으려고 말안장에 보관했던 삶은 콩이 말의 체온 때문에 자연적으로 발효되었는데, 그 맛이 생각보다 좋아 사람들은 발효된 콩을 먹기 시작했다고 하죠. 이것이 바로 청국장의 원조랍니다.

요즘 들어 청국장이나 낫토처럼 발효된 콩이 새롭게 각광을 받고 있어요. 항암이나 다이어트에 효과가 있다는 연구 덕에 건강식으로 인기를 끌고 있지요. 실제로 우리나라에서 장수하는 사람들 중 90퍼센트가 된장과 같은 발효 콩 음식을 매일 한 끼 이상 먹는다고 해요. 그러니 청국장을 즐기는 것이 건강을 유지하는 비결이 될 수도 있답니다.

약사가 소화제로 만든 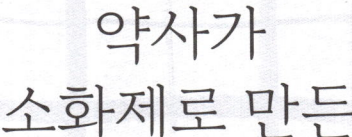 콜라

　1886년, 미국 조지아 주 애틀랜타에 사는 존 펨버튼은 독특한 맛과 향을 가진 새로운 시럽을 개발했어요.
　"음, 새로운 맛이야! 향도 맘에 들고."
　약사인 펨버튼은 평소 여러 가지 약재를 섞어 새로운 약을 만드는 데 관심이 있었어요. 그러다 코카나무 잎에서 추출한 코카인과 콜라나무에서 추출한 카페인을 섞어서 먹어 보니 맛도 좋고, 몸도 기분도 좋아지는 것 같았지요.
　"여기에 마시기 편하도록 소다를 섞어 볼까."

소다를 섞자, 소다의 톡 쏘는 탄산과 시럽이 어우러져 속이 뻥 뚫리는 것처럼 상쾌한 기분이 들었어요.

"음, 더부룩하고 막혔던 속이 시원해지는 느낌이야."

펨버튼은 새로 만든 액체를 소화제로 약국에서 팔았어요. 이 소화제가 우리가 즐겨 마시는 탄산음료, 콜라가 되는 데는 아사 캔들러라는 사업가의 힘이 더해졌지요. 캔들러는 이 소화제를 먹어 보고 그 맛과 시원함에 반했어요.

"이전에 없던 놀라운 제품이군. 음료수로 만들어 팔면 크게 성공할 거야."

캔들러는 펨버튼으로부터 소화제 만드는 법을 사들였어요. 그리고 1893년 이 제품에 '코카콜라'라는 상표를 붙였지요. 원료인 코카나무에서 '코카', 콜라나무에서 '콜라'를 따서 만든 이름이랍니다. 캔들러는 코카콜라가 '두통, 히스테리, 우울증 등에 효과 만점인 상쾌한 활력 음료수'라고 홍보했어요.

캔들러의 예상은 적중했어요. 코카콜라는 선풍적인 인기를 끌었으니까요. 하지만 한편으론 콜라가 몸에 해롭다는 주장이 끊임없이 나왔어요.

"코카콜라에는 마약 성분인 코카인이 들어가 있습니다. 중독 현상을 일으킬 수 있으니 먹어선 안 돼요."

결국 1903년 코카콜라는 시럽 속에 코카인을 넣지 않기로 결정했고, 요즘 우리들이 즐겨 마시는 콜라와 같아졌답니다. 코카콜라는 200여 개의 나라에서 팔리고 있는 전 세계적으로 가장 유명한 음료 브랜드지요.

우리나라에 콜라가 들어온 것은 1950년대 초였어요. 한국 전쟁으로 미군이 주둔하면서 콜라도 자연스럽게 들어왔지요. 우리나라가 콜라를 직접 생산하게 된 것은 한참 후인 1968년경이랍니다.

벨기에에서 탄생한 프랑스 튀김 프렌치프라이

　패스트푸드를 파는 가게에서 햄버거와 함께 나오는 감자튀김을 보통 '프렌치프라이'라고 해요. 우리말로 하면 '프랑스식 튀김' 정도로 풀이할 수 있죠. 길쭉하게 잘라 튀겨 낸 감자튀김, 프렌치프라이를 이름만 보고 프랑스에서 만든 음식이라고 생각했다면 오해랍니다. 이것을 처음 만든 나라는 바로 벨기에거든요.

　18세기, 벨기에 뫼스 계곡 부근에 사는 사람들은 주로 물고기를 잡아 튀겨 먹었어요. 그러나 겨울이 되면 물고기가 잡히지 않아 굶주리곤 했지요.

"계곡이 얼어붙어 물고기를 잡을 수가 없어. 식량도 거의 바닥이 났고."

추위로 먹을거리를 구할 수 없어 심하게 굶주리던 사람들은 그동안 거들떠보지도 않던 감자를 캐서 길쭉하게 썰고 물고기처럼 튀겨 냈어요.

그런데 생각했던 것보다 그 맛이 훨씬 좋았어요. 벨기에 사람들은 이 감자튀김을 '프리츠'나 '프리텐'이라 불렀고 얼마 지나지 않아 온 국민이 즐겨 먹는 음식이 되었죠.

벨기에의 감자튀김, 프리츠가 다른 나라까지 전해지게 된 것은 제1차 세계 대전 때였어요. 독일은 프랑스를 공격하기 위해 벨기에를 먼저 점령하려고 했고, 이를 막기 위해 미국과 영국의 군대도 벨기에 땅에 들어왔어요.

그들 역시 프리츠를 맛보고 감탄했지요.

"정말 맛있군. 이게 대체 뭐지?"

"몰라. 프, 뭐라던데. 프랑스 음식인가? 프랑스 튀김인가 봐."

군인들이 착각한 탓에 벨기에의 감자튀김 프리츠는 어이없게도 프랑스식 튀김, 즉 프렌치프라이로 잘못 알려지게 되었답니다.

그래서 벨기에 사람들은 '프렌치프라이'라는 말을 싫어한다고 해요. 마치 김치가 일본 음식으로 잘못 소개될 때 우리가 느끼는 기분과 비슷할 테지요. 벨기에 사람들은 감자튀김의 원조가 자신들이라는 걸 알리기 위해 감자 박물관을 만들고, 감자튀김 홍보에 적극 나서고 있답니다.

붕어 없는 붕어빵, 도그 없는 핫도그

　핫도그 속에 들어 있는 가늘고 길쭉한 소시지를 처음 만든 것은 독일 사람들이랍니다. 독일의 프랑크푸르트라는 도시에서 만들어 먹기 시작해서 소시지의 원래 이름도 '프랑크푸르터'였지요. 1860년경, 프랑크푸르터는 미국으로 이주하는 독일 이민자들에 의해 미국에도 알려졌어요.

　"이 소시지, 닥스훈트 닮지 않았나?"

　"다리는 짧은데 몸통은 가늘고 긴 독일 사냥개 말인가? 하하, 그러고 보니 정말 닥스훈트를 닮은 것 같군."

이후 프랑크푸르터는 '닥스훈트 소시지'라는 별명으로 더 유명해졌어요. 닥스훈트 소시지는 미국에서도 인기가 높아져 길거리에서 뜨겁게 구워 팔거나 야구장에서 번이라는 빵 사이에 끼워 팔았지요.

1906년, 신문 삽화를 그리던 태드 도건이 야구장을 찾았어요. 거기서 소년들이 번 사이에 뜨거운 닥스훈트 소시지를 끼워 팔고 있는 것을 보았지요.

"뜨거운 닥스훈트요! 뜨거운 닥스훈트요!"

소년들이 관중석 사이를 누비며 소시지 파는 모습을 무심코 바라보던 도건은 정신이 번쩍 들었어요.

"아! 오늘 신문 삽화에는 저걸 그리면 재미있겠군."

집으로 돌아간 도건은 닥스훈트 소시지에서 아이디어를 얻어 신나게 삽화를 그렸어요. 그런데 그림을 다 그리고 난 후 글을 적어 넣으려는데 닥스훈트의 정확한 철자가 떠오르지 않았어요. 그렇다고 다른 내용으로 바꾸기에는 시간이 없었고 아이디어도 떠오르지 않았죠.

"할 수 없다. '뜨거운 닥스훈트'를 그냥 '뜨거운 개'라고 쓰는 수밖에."

도건은 신문에 삽화와 함께 'Get your hot dogs(겟 유어 핫 도그스, 핫도그 드세요).'라고 적어 넣었어요.

결국 독일의 사냥개 닥스훈트를 닮아 닥스훈트라 불렸던 소시지는 삽화가 태드 도건이 신문 삽화에 그냥 '도그'라고 쓰면서 '핫도그'로 알려지게 되었답니다.

우리나라에는 핫도그라는 이름을 가진 음식이 또 있어요. 막대에 꽂은 소시지에 빵 반죽을 덧입혀 튀겨 낸 음식이지요. 그런데 이 음식의 본래 이름은 '콘도그'예요. 덧입힌 반죽 재료가 옥수수였거든요.

타타르 인의 전투 식량에서 출발한 햄버거

넓은 초원이 펼쳐져 있는 몽골에는 많은 유목 민족이 살았어요. 그중에는 말을 타고 다니는 기마 민족, 타타르 족이 있었지요. 타타르 인들은 여러 마리의 말을 데리고 다니다가 말의 피를 받아서 먹거나, 말고기를 잘게 썰어 안장 밑에 두고 달리다가 부드러워지면 날것으로 먹었어요. 이렇게 하면 전쟁 중에 요리할 시간을 줄일 수 있어 남들보다 짧은 시간 안에 더 먼 거리를 이동할 수 있기 때문이었지요. 이 음식 이름이 바로 '타타르 스테이크'예요.

13세기 러시아와 유럽을 침략한 칭기즈 칸의 몽골 군대 안에도 타타르 족이 있었어요. 서양인들 사이에서 이들은 매우 잔인하고 신출귀몰한다고 알려져 있었어요.

"타타르는 흉악무도한 놈들이야. 어린애들까지 죽여 버린다니까."

"날고기에 피까지 먹는 야만인들이라고."

그런데 시간이 흐르면서 무시무시하다고 믿었던 타타르 인의 생고기 음식 문화가 자연스레 유럽 인들에게도 옮아갔어요.

러시아 사람들은 타타르 스테이크에 양파와 후추를 뿌리고 날계란과 함께 먹었어요.

"음, 타타르 인이 먹던 생고기가 생각보다 맛이 괜찮군."

"이걸 먹어서 그렇게 무섭고 용맹했나?"

무역이 활발했던 독일 함부르크 지역에서는 타타르 스테이크를 들여와 익혀 먹기 시작했어요. 다진 고기를 양념해 구워 먹으니 먹기 편하고 맛도 한층 좋아졌지요. 함부르크의 새로운 타타르 스테이크는 독일 이민자들에 의해 미국에도 전해졌어요.

"정말 부드럽고 맛있어. 이 스테이크 이름이 뭔가?"

"그야 함부르크 사람들이 먹는 함부르크 스테이크지, 뭐."

타타르 인의 전투 식량이었던 생고기가 유럽에 전해져 타타르 스테이크가 되었고, 타타르 스테이크를 익힌 요리는 미국에 전해져 '함부르크의 스테이크'란 뜻을 가진 '햄버그스테이크'로 불리다 빵 사이에 끼워져 '햄버거'로 변신했어요.

입 속을 청소하기 위해 씹었던 껌

　고대 그리스 사람들은 매스틱 나무 수액을 굳혀 껌처럼 씹었어요. 나무 수액을 씹으면 불쾌한 입 냄새가 없어지고 입안이 상쾌해졌기 때문이라고 알려져 있어요. 물론 고대 그리스 사람들이 씹은 껌은 오늘날 우리가 씹는 껌과는 달라요. 하지만 껌을 씹는 문화가 고대부터 있었다니 놀라운 일이죠.

　그렇다면 오늘날 우리들이 즐기는 껌은 언제 등장한 걸까요?

　"오래간만이군요, 산타 안나 씨."

　어느 날, 미국 사진 기자인 토마스 애덤스는 망명한 멕시코의 대통령, 산타 안나를 찾아왔어요. 오랜 독재 끝에 대통령 자리에서 쫓겨난 산타 안나는 멕시코에서 도망 나와 미국 뉴욕에 머물고 있었죠.

"뉴욕은 지낼 만하신가요?"

"아주 죽을 맛이야."

산타 안나는 권력을 잃고, 다른 나라에서 살아야 하는 처지를 한탄했어요.

"멕시코로 다시는 돌아갈 수 없다고 생각하면 가슴이 답답하다네."

산타 안나의 넋두리를 듣고 있던 애덤스는 그가 아까부터 계속 무언가 씹고 있는 것을 깨달았어요.

"그런데 아까부터 뭘 씹고 계신 건가요?"

"이거? 치클이야. 멕시코 인들이 즐기는 간식이지."

치클은 사포딜라 나무의 수액을 굳힌 거였어요. 애덤스는 산타 안나가 건네준 치클을 씹다가, 약국에서 파는 파라핀 왁스 껌이 생각났어요. 당시 미국인들은 파라핀 왁스로 껌을 만들어 씹었거든요.

"이거 괜찮은데요! 치클르 껌을 만들면 우리 미국인들도 좋아할 거예요."

"하긴 미국 껌은 맛도 없고, 몸에도 해로울 것 같더군."

"맞아요. 치클은 천연 성분이니까 파라핀 왁스보다 훨씬 안전하겠죠."

1871년, 애덤스는 연구를 거듭한 끝에 치클에 감초 성분과 향을 넣어 동그란 껌 볼과 껌을 생산할 수 있는 기계를 만들었어요. 이렇게 만들어진 껌은 그의 예상대로 미국인 사이에 인기 있는 간식거리가 되었답니다.

우리나라에 껌이 들어온 것은 한국 전쟁 당시 미군 군수품을 통해서였어요. 전쟁 직후 별다른 간식거리가 없었던 아이들은 멀리서 미군이 보이면 쫓아가 껌을 구걸하곤 했어요. 운 좋게 껌을 얻게 되면 종일 씹다가 다음날 다시 먹기 위해 몰래 감춰 두기도 했다지요.

양의 위 속에서 만들어진 치즈

고대 아라비아의 한 무역 상인이 다른 지역에 가서 팔 물건들을 한 짐 가득 챙기며 길 떠날 준비를 하고 있었어요.

"이번 여행도 오래 걸릴 테니 준비를 단단히 해야지."

한번 길을 떠나면 돌아오기까지 꽤 오랜 시간이 걸리므로 상인은 여행에 필요한 물품을 꼼꼼히 챙겼어요. 그중에서도 식량은 가장 중요한 준비물이었죠.

"먹을 걸 충분히 챙겨야 해. 여행을 하다 보면 항상 부족하거든. 아차, 저번 여행에서는 특히 목이 말라 고생했었지. 마실 걸 넉넉히 챙겨야겠군."

상인은 배도 든든해지고, 갈증도 해소되는 염소젖을 물주머니에 담았어요. 물주머니는 양의 위로 만들어서 질기고 튼튼했지요.

준비를 마친 아라비아 상인은 먼 길을 떠났어요. 그리고 오랜 여행 끝에 필요한 물건들을 충분히 사서 집으로 돌아오는 길이었어요.

"목이 마르네. 참, 염소젖이 있었지. 한 모금 마셔야겠다."

염소젖을 마시려고 주머니를 연 상인은 깜짝 놀랐어요. 물주머니 속에는 염소젖 대신 하얀 덩어리가 들어 있었거든요.

"아니 이게 뭐야? 염소젖이 덩어리가 되다니. 이거 먹어도 되는 걸까?"

조심스레 맛을 보니 고소하고 담백한 것이 무척 독특했어요. 그가 맛본 것이 바로 치즈였어요.

아라비아 상인이 치즈를 발견하게 된 것은 염소젖을 양의 위로 만든 물주머니 속에 넣었기 때문이에요. 주머니 속에 남아 있는 양의 소화 효소인 레닌이 염소젖을 응고시켰던 것이지요. 후세 사람들은 이 사건을 '치즈의 발견'이라고 불렀어요. 이때 만들어진 치즈가 식생활에 큰 영향을 미쳤기 때문이지요.

유럽에 전해진 치즈는 큰 환영을 받았어요. 고대 그리스 사람들은 치즈를 '하늘의 선물'이라고 생각했고, 고대 로마 사람들 역시 치즈를 귀하게 여겨 귀족들만이 치즈를 먹을 수 있었지요. 치즈는 유럽 전역으로 전해져 지역마다 독특한 풍토와 만나면서 다양한 종류로 발전했답니다.

프랑스는 '한 마을에 치즈 하나'가 있다고 할 정도로 다양한 치즈를 즐기는 최대의 치즈 소비 국가랍니다. 하지만 치즈를 가장 많이 만드는 국가는 바로 미국이에요. 공장에서 대량으로 치즈를 만들어 전 세계에 수출하고 있지요.

도박에 빠진
백작이 개발한
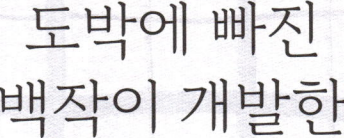

영국의 샌드위치 지방을 다스리는 영주이자 해군 제독이었던 몬태규 백작은 카드놀이를 무척 좋아했어요.

"백작님은 오늘도 식사를 거르시고 카드놀이에 빠져 계시는군."

정신없이 도박에 빠져 있던 몬태규 백작은 갑자기 시장기를 느꼈어요. 시계를 보니 식사 시간이 훌쩍 지나 있었죠. 도박이 너무 좋았던 그는 밥 먹는 시간도 아까웠어요.

"이런, 배는 고픈데 카드놀이를 멈출 수가 없군."

급히 하인을 부른 몬태규 백작은 빵 사이에 로스트비프(큰 덩어리째 오븐에 구운 소고기 요리)를 끼워서 가져오라고 명령했어요.

"정말 대단하셔. 식사를 도박장으로 가져오라고 하시니 말이야."

하인들은 호밀 빵을 반으로 갈라 그 사이에 얇게 저민 로스트비프를 끼워서 가져갔죠. 배가 고팠던 백작은 로스트비프가 끼워진 빵을 들고 먹으면서 도박에 열중했어요.

"몬태규 백작, 맛있는가?"

"응? 아주 좋은데. 카드를 하면서 빵과 고기를 같이 먹을 수 있고 말이야."

함께 카드놀이를 하던 친구들은 백작의 식사 모습이 우습기도 하고 신기하기도 했어요.

식사 예절을 중요하게 여기던 귀족들에게 백작이 개발한 음식은 재미있는 이야깃거리였어요. 그러다 자연스럽게 따라서 만들어 먹기도 했지요.

"이게 샌드위치 영주가 도박할 때 먹는 음식이야."

"음, 간편하고 맛도 괜찮은데."

사람들은 샌드위치 지방의 영주가 도박을 하면서 먹을 수 있도록 만든 이 간편한 음식을 '샌드위치'라고 부르게 되었어요.

샌드위치와 비슷한 음식은 로마 시대에도 있었어요. 독일에도 역시 작은 빵에 고기나 소시지를 끼운 음식이 있었고요. 물론 샌드위치가 세계인이 즐기는 음식이 된 것은 샌드위치 영주인 몬태규 백작 덕분이지만 말입니다.

샌드위치는 먹기 간편하고 재료에 따라 다양한 맛을 즐길 수 있어, 오늘날까지 많은 사람들의 사랑을 받고 있답니다.

3장
지역 특색이 묻어나는 우리 향토 음식

MENU

가자미식해

평양냉면, 함흥냉면

충무 김밥

전주비빔밥

임실 치즈

수원 갈비

춘천 막국수

초당 두부

빙떡

함경도 실향민의 고향의 맛 가자미식해

 함흥냉면, 아바이순대 등 함경도를 대표하는 음식은 여러 가지가 있어요. 그중에서도 가장 독특한 음식은 아마 가자미식해일 거예요.

 '가자미식해'라고 하니까 혹시 우리가 흔히 먹는 달콤한 음료수, 식혜를 떠올렸나요? 그랬다면 단단히 오해한 거예요. 식해는 밥알을 삭혀 만드는 음료인 식혜와는 전혀 다른 음식으로, 생선을 발효시킨 젓갈의 일종이랍니다.

 "와, 가자미식해 담그시려고요? 집안에 무슨 좋은 일이 있나 봐요."

 "네, 다음 주에 어머님 생신이 있거든요."

"암요. 우리 함경도 사람 잔칫상에 가자미식해가 빠지는 건 말도 안 되죠."

가자미식해는 함경도에서 귀하게 대접받는 음식이라서 아무 때나 먹을 수 없었고 집안의 행사나 중요한 일이 있을 때 담가 먹곤 했지요. 요즘도 가자미식해는 북한의 당 간부조차도 쉽게 먹을 수 없는 귀한 음식이라고 해요.

"다른 지방에서도 가자미를 삭혀 식해를 만들어 먹지만 우리 함경도에서 만드는 가자미식해 맛은 흉내 낼 수 없다고."

함경도 지방의 자랑인 가자미식해가 남한까지 전해진 것은 한국 전쟁 때였어요. 정신없이 남한으로 피난 온 함경도 사람들은 고향을 그리워하며 함께 모여 살았어요.

"두고 온 내 고향, 언제나 다시 돌아갈꼬."

"난 어린 자식과 아내를 두고, 그저 내 몸 하나 피해 왔다네. 눈을 떠도, 눈을 감아도 북에 두고 온 가족 얼굴이 떠나질 않으이."

함경도 사람들은 고향에서 먹던 가자미식해를 담가 먹으며 고향 잃은 슬픔을 음식으로 달랬어요. 이제 함경도 실향민들이 먹던 가자미식해는 남북한 모두의 사랑을 받는 음식이 되었답니다.

함경도 가자미식해가 특별한 이유는 옛날 임금님 수라상에도 올랐던 귀한 생선, 가자미를 조와 함께 삭혔기 때문이에요. 보통의 식해는 쌀을 넣는데, 함경도에서는 쌀 대신 함경도에서 잘 자라는 조를 넣었어요. 이렇게 가자미와 조를 넣고 삭히면, 함경도 고유의 독특한 가자미식해가 완성되지요.

삼삼한 맵싸한 평양냉면 함흥냉면

"아, 겨울밤은 참 길기도 하네. 배에서 꼬르륵 소리가 나."

"녀석, 출출한 모양이구나. 좀 기다려 보렴."

긴 겨울밤을 견디느라 출출해질 즈음, 화롯가에 모인 가족들이 얼음 동동 떠다니는 동치미 국물에 국수를 말아 냉면을 먹고 있어요. 이가 시릴 만큼 차가웠지만 평양 사람들에게는 겨울철 최고의 야식이죠. 동치미 국물뿐 아니라 차갑게 식힌 고기 육수에 말아 먹는 냉면 맛도 일품이에요.

"예전에 함경도에 갔을 때 함흥냉면을 먹어 봤는데, 아주 독특하더라고. 면이 가늘고 쫄깃쫄깃해서 잘 끊어지지도 않는 거야."

아버지가 무용담처럼 이야기를 꺼냈어요.

"게다가 매콤한 고추장 양념에 면을 비벼서 먹더라고."

"와, 냉면을 매운 양념에 비벼 먹는다고요?"

아이들은 낯선 음식 이야기에 귀를 기울였어요. 동치미 국물이나 고기 육수에 면을 말아 먹는 평양 사람들에게 함경도 냉면은 신기한 음식이었으니까요.

"음식도 다 사는 곳따라 만들어지는 거지. 우리는 좁은 땅이라도 메밀을 키울 밭이 있으니 메밀로 국수를 만들고, 산세가 험악해 농사지을 밭조차 갖기 힘든 함경도는 감자나 고구마 전분으로 국수를 만드는 거고."

가족들은 음식 이야기로 겨울밤을 채워 갔어요.

"난 메밀로 만든 평양냉면이 좋아. 쫄깃쫄깃하진 않아도 엄청 구수하니까."

"그야, 매일 먹고 자란 게 메밀이니 그 맛에 익숙한 게지. 난 아버지처럼 함경도에 가서 매콤한 함흥냉면도 한번 먹어 볼 거야."

"형아 가면 나도 따라갈래."

동생의 한마디에 모두들 웃음을 터트렸어요.

여름철 대표 메뉴로 자리 잡은 냉면은 본래 겨울 음식이었어요. 평안도와 함경도에서는 겨울밤 야식으로 냉면을 즐겨 먹었다고 하지요.

평양냉면은 메밀을 주재료로 만들기 때문에 면이 거칠고 잘 끊어져요. 따라서 동치미 국물이나 고기 육수에 말아 물냉면으로 먹지요. 반면 함흥냉면은 감자와 고구마 전분으로 면을 만들기 때문에 면이 질기고 쫄깃쫄깃해요. 옛날에는 가자미식해를 올려 먹었다고 하는데, 오늘날에는 구하기 힘든 가자미식해 대신 홍어회를 올리지요.

충무 김밥

고기잡이 나가는 남편을 위한 도시락

　통영에는 거리마다 충무 김밥 파는 식당이 즐비하게 늘어서 있답니다. 충무는 통영시의 옛 이름이에요. 1995년 충무시와 통영군이 합쳐지면서 통영시가 되었지요.

　충무 김밥은 손가락 굵기로 싼 김밥과 매콤한 반찬을 따로 먹는 김밥이에요. 통영만의 이런 독특한 김밥이 만들어진 것은 어느 어부 아내의 지극한 남편 사랑 덕분이었답니다.

　"여보, 오늘도 도시락을 안 드셨네요."

바다로 나가는 남편을 위해 정성껏 도시락을 준비했던 부인은 남편이 도시락에 손도 안 대고 그대로 가져온 것을 보고 실망했어요. 오늘뿐 아니라 매번 남편은 도시락 대신 술을 마시고 돌아오곤 했어요.

"걱정 마. 밥 대신 술로 배를 채웠으니까."

"그게 더 걱정인걸요. 제가 싼 도시락이 그렇게 맛이 없나요?"

"아니야. 고기잡이를 하다 보면 도시락을 펴고 앉아 먹을 짬이 없어. 그래도 배는 고프니까 술이라도 마셔 가며 시장기를 달래는 거야."

상황을 알게 된 아내는 남편이 먹기 편하도록 김밥을 도시락으로 싸 주었어요. 하지만 이번에도 남편은 도시락을 남겨 왔어요.

"오늘은 왜 밥을 먹지 않았어요? 먹기 좋도록 김밥을 쌌는데……."

"아, 먹으려고 보니 상했더라고."

아내가 정성껏 준비한 김밥은 통영의 뜨거운 햇볕에 쉽게 상했던 거예요.

다음 날, 아내는 배를 타는 남편을 위해 김밥과 반찬을 따로 준비했어요. 먹기 편하도록 밥은 김에 싸서 한입 크기로 말고, 반찬도 쉽게 상하지 않는 짭짤하고 매콤한 무김치와 꼴뚜기무침을 넣었지요.

일하면서 먹기도 편하고 쉽게 상하지 않는 이 도시락은 금세 어부들 사이에서 인기를 끌었고, 다른 아내들도 남편을 위해 충무 김밥을 싸기 시작했어요. 지금은 꼴뚜기무침 대신 오징어무침을 주로 사용한답니다.

브랜드화에 성공한 전주비빔밥

 세계적인 팝스타 마이클 잭슨이 먹고 반했던 맛, 전주비빔밥! 이제는 우리나라 대표 음식을 넘어 세계인의 사랑을 받는 음식이 되었지요. 그렇다면 우리 민족은 비빔밥을 언제부터 먹었을까요?

 어떤 사람들은 임금이 간단하게 먹던 점심 수라였다고 하고, 또 다른 사람들은 농사일이 한창 바쁜 농번기 때, 번거롭지 않게 한곳에 음식을 담아 비벼 먹은 것에서 비빔밥이 유래했다고도 하지요. 새해가 시작되기 전 섣달 그믐날에 묶은 음식을 모두 비벼 먹었다거나, 또는 거지들이 쪽박에 따로 얻은 밥과 반찬을 함께 섞어 먹은 것이 비빔밥의 유래라고 하는 사람들도 있어요.

비빔밥의 유래는 너무 많아서 어느 것이 맞는지 정확히 알 수는 없답니다. 사실 밥에 무언가를 섞어 먹는 것은 어느 지역에서나 흔히 볼 수 있는 모습이니까요. 그러나 어느 지역에서나 흔히 먹던 비빔밥을 전주만의 특별한 음식으로 만든 것은 남다른 노력이 있었기 때문이에요.

"우리 전주비빔밥은 평양의 냉면, 개성의 탕반과 함께 조선 3대 음식이지."

"맞아, 그런데 다른 지역 사람들은 우리 비빔밥을 잘 모른다고. 제대로 만들어서 다른 지역에도 알립시다."

전주 사람들은 비빔밥을 전주 대표 브랜드로 만들기 위해 노력을 기울였어요. 브랜드로 만드는 게 뭐냐고요? 전주비빔밥을 다른 지역의 비빔밥과 차별화해서 이름을 알리는 거예요. 예를 들어 전주비빔밥은 사골 고은 물로 밥을 짓고 놋그릇에 담아 낸다든가, 콩나물, 고추장, 황포묵, 육회 등 30여 가지에 달하는 재료를 엄선하여 쓰도록 표준을 정하는 것이에요. 어디서 전주비빔밥을 먹든 일정한 맛을 낼 수 있도록 말이지요.

오늘날 전주비빔밥은 브랜드화에 성공하였고 비빔밥의 대명사가 될 만큼 유명해졌어요. 이제는 김치와 함께 한국을 대표하는 음식으로 세계에 알려져 있답니다.

개성 탕반은 국물에 밥을 말아 먹는 국밥 종류인데 요즘은 맛보기 힘든 음식이 되었어요. 전주비빔밥과 평양냉면은 조선 시대부터 지금까지 우리 민족의 사랑을 한 몸에 받는 일품요리지요.

우리나라 최초의 치즈 임실 치즈

　임실은 우리나라 전라북도에 있는 작은 시골 마을이에요. 온통 산으로 둘러싸인 임실은 농사지을 땅이 부족한 데다 그나마 얼마 안되는 땅도 임자가 따로 있어 대부분의 사람들이 소작을 하는 가난한 마을이었어요.

　"열심히 일하면 뭐하겠나. 내 땅도 아닌데. 입에 풀칠이나 하며 살아가는 게 우리 인생이지 뭐."

　그런 임실에 구원처럼 등장한 인물이 바로 벨기에 신부 디디에 세스테벤스였어요. 그는 전쟁으로 폐허가 된 한국의 현실을 보고, 평생 한국에 와서 이곳 사람들을 위해 살겠다고 마음먹었어요. 그래서 이름까지 '지정환'이라고 바꿨답니다.

1964년, 임실 성당에 부임한 지정환 신부는 희망이 없는 임실 사람들이 잘 살 수 있도록 도울 방법이 없을까 고민했어요.

"이곳은 온통 산이라 농사지을 땅이 별로 없는 대신 목축을 할 수 있으니 치즈를 만들어 보는 게 좋겠어."

그는 임실 주민들에게 치즈를 맛보이며 설득했어요.

"치즈 좀 드셔 보세요. 이걸 만들어 팔면 가난에서 벗어날 수 있어요."

"퉤퉤, 맛이 뭐 이래! 이런 걸 누가 먹는다고."

처음엔 치즈에 관심조차 갖지 않았던 임실 사람들은 지정환 신부가 산양을 나누어 주며 열심히 설득하자 조금씩 마음을 돌렸죠.

그러나 난관은 끊이지 않았어요. 치즈 만드는 일은 쉽지 않았고, 실패가 거듭되자 사람들은 점점 지쳐 갔죠. 고민 끝에 지정환 신부는 이탈리아와 프랑스로 치즈 만드는 법을 배우러 갔는데, 사람들은 지정환 신부가 포기하고 도망쳤다고 생각해 산양을 팔아 버리기도 했어요.

하지만 3개월 후, 지정환 신부는 치즈 만드는 방법과 공장 지을 돈까지 가지고 돌아왔지요. 그 후, 임실 사람들과 신부는 하나가 되어 공장을 짓고 치즈 만들기에 성공했답니다.

지정환 신부와 임실 사람들이 한마음으로 만든 임실 치즈는 이제 우리나라 치즈의 대명사가 되었어요. 임실 치즈는 품질이 뛰어나 홍수처럼 수입되는 외국 치즈에 견주어도 손색이 없답니다.

대통령 덕분에 유명해진 수원 갈비

서울 남쪽에 위치한 수원은 조선 시대에 서울로 들어가는 물자들이 모이는 곳이었어요. 따라서 큰 시장이 열려 상인을 비롯해 수많은 사람들이 오갔지요.

전국의 물자와 사람들이 모이는 장소답게 수원에는 소를 사고파는 큰 우시장도 있었어요. 그 덕에 다른 지역보다 소고기를 접하기 쉬웠는데, 수원 갈비 하면 지금도 유명하지요.

1945년경 수원 영동 시장에 화춘옥이라는 음식점이 문을 열었어요. 개업 당시엔 갈비 우거지탕을 끓여 파는 해장국 집이었죠. 어느 날, 화춘옥의 사장은 갈비를 탕으로만 팔 것이 아니라, 구이로도 팔아 보면 어떨까 생각하게 되었어요. 커다란 갈비를 한쪽으로 얇게 발라내서 소금으로 간을 하고는 가게 앞에 있는 화덕에서 구웠지요.

"음, 이게 무슨 냄새야?"

"화춘옥 갈비 굽는 냄새지. 그 앞을 지날 때마다 군침이 돈다네."

화춘옥에서는 화덕에 구운 갈비를 먹음직스럽게 양재기에 담아서 팔았어요. 사람들은 커다란 갈비를 손에 쥐고 뜯어 먹었지요.

"맛이 정말 기가 막혀. 소금으로 간을 해서 고기 맛이 살아 있군그래."

수원 영동 시장의 화춘옥 갈비 맛은 수원 일대에서 유명해졌고, 1970년대 수원을 방문한 박정희 대통령도 화춘옥에서 갈비를 맛보게 되었어요. 갈비 맛에 반한 대통령은 수원에 올 때마다 화춘옥에 들러 갈비를 먹었다고 해요.

"수원 갈비는 대통령도 먹는 갈비야."

수원 갈비가 유명해지자, 서울에도 갈비 파는 음식점이 하나둘 생기기 시작했어요. 홍릉이나 태릉 쪽에 수원 갈비와 비슷한 음식점들이 모여들었고, 1980년대 서울 시내에는 '가든' 이라는 이름이 붙은 대형 갈빗집들이 곳곳에 등장하게 되었지요.

본래 수원 갈비는 화덕에서 구워 손님에게 내어 주는 방식이었어요. 그런데 1970년대부터는 요즘처럼 손님이 직접 구워 먹는 방식으로 바뀌었죠. 또 처음 수원 갈비는 소금으로만 간을 한 생갈비였지만 요즘에는 간장으로 양념한 갈비도 개발되어 큰 인기를 누리고 있어요.

화전민의 잔치 음식이었던 춘천 막국수

막국수가 춘천의 명물이 된 것은 불행했던 우리 역사와 관련이 깊어요. 1895년 일본 자객들이 조선의 명성 황후를 시해하는 을미사변이 일어났어요. 일본의 만행에 분노한 의병들이 전국 각지에서 일어났는데, 이 의병들을 을미의병이라고 부르지요.

의병 운동은 춘천 지역에서도 일어났어요. 의병들은 열심히 싸웠지만, 일본군의 막강한 무력 앞에 속수무책으로 당하고 말았지요. 전투에 패한 의병들은 일본군을 피해 강원도 깊은 산속으로 들어가 화전을 일구며 터전을 잡았어요.

"일본 놈들 꼴을 보느니 산속에서 평화롭게 사는 게 속이 편하구먼."

1910년 조선이 일본의 식민지가 된 후에도 그들은 산을 내려오지 않고 화전민으로 살았지요. 그런데 화전민의 생활은 늘 궁핍하고 먹을 것이 부족했어요. 그들은 척박한 땅에서도 잘 자라는 메밀, 조, 콩, 감자 등을 찾아내어 열심히 길렀어요. 특히 메밀은 화전민들에게 귀중한 식량이었는데, 잔칫날이면 메밀로 막국수를 만들어 먹고는 했어요.

"순심이와 막둥이가 혼례를 올리게 됐으니 경사로군. 마을 잔치를 벌이세."

화전민들은 돼지를 잡아 편육을 만들고 메밀전과 감자전을 부치고, 막국수를 해 먹으며 잔치를 즐겼어요. 막국수 파는 음식점에서 우리가 먹는 음식들은 바로 화전민의 잔치 음식들인 셈이지요.

한국 전쟁이 일어나고 점차 먹을 것이 부족해지자 화전민들은 하나둘 산을 내려왔어요. 그리고 생계를 위해 화전민 터에서 해 먹던 막국수와 음식들을 춘천 읍내에서 만들어 팔았고, 이것이 인기를 얻으며 춘천이 막국수의 고장이 되었답니다.

부담 없는 가격과 구수한 맛 때문에 막국수는 누구나 편하게 즐기는 음식이에요. 그런데 만들기는 꽤 까다롭지요. 메밀에 끈기가 없기 때문에 밀가루 국수처럼 손으로 만들 수 없어요. 메밀 반죽을 틀로 힘껏 눌러야 면을 뽑을 수 있죠. 갓 뽑아낸 메밀은 재빨리 삶아 내야 맛있는 막국수를 맛볼 수 있답니다.

바닷물을 간수로 쓴 초당 두부

강릉의 대표 별미, 초당 두부! 그 유래는 재미있게도 〈홍길동전〉을 쓴 허균의 아버지와 관련이 있어요.

16세기, 허균의 아버지 허엽은 삼척 부사로 임명되어 강릉에 머문 적이 있었답니다. 강릉은 허엽의 처갓집이 있는 곳이기도 했어요.

"카, 물맛 참 좋구나. 이 좋은 물로 두부를 만들면 맛이 기가 막히겠군."

맛 좋은 두부 생각이 간절해진 허엽은 두부를 직접 만들어 보기로 했어요. 하지만 아쉽게도 간수로 쓸 소금을 구하기가 어려웠지요.

간수는 콩을 갈아서 짜낸 콩 물을 응고시키는 재료예요. 간수로 콩 물을 굳히고 물기를 빼면 단단한 두부가 되고, 물기를 빼지 않으면 순두부가 되지요. 그러니 두부를 만들기 위해서는 꼭 간수가 필요했어요.

"이 지역에서는 천연 소금을 구할 수가 없으니 낭패로군."

곰곰이 생각하던 그는 무릎을 탁 쳤어요.

"옳지. 깨끗한 바닷물이 있는데 무슨 걱정인가."

허엽은 강릉 바닷물을 간수로 사용해 두부를 만들었어요. 좋은 물과 콩, 그리고 바닷물을 간수로 사용한 두부는 부드럽고 고소한 맛이 일품이었어요.

"이렇게 고소하고 부드러운 두부가 있다니. 바닷물을 사용해 더 맛있는 것 같군."

그는 이 두부에 자신의 호를 붙여 '초당 두부'라고 이름 지었답니다. 초당 두부는 소문이 나서 강릉을 지나는 사람들이면 꼭 맛보곤 했다고 해요.

하지만 초당 허엽이 만들었다는 초당 두부의 유래는 전해 내려오는 이야기일 뿐, 정말로 허엽이 초당 두부를 만들었는지 정확한 기록이 있지는 않아요. 조선 시대 때 지체 높은 양반이 두부 만드는 일에 나섰다는 게 조금 의심스럽기는 하지요.

초당 두부가 강릉의 명물로 유명해진 것은 한국 전쟁 때였어요. 전쟁 중에 초당 마을 사람들은 두부를 만들어 강릉 시내에 내다 팔았는데, 전쟁으로 마땅한 먹을거리가 없었던 때라 날개 돋친 듯 팔려 나갔답니다. 더구나 다른 두부보다 부드럽고 맛있어 먹어 본 사람들의 입소문을 타고 강릉의 명물이 되었어요.

제주도 사람들을 괴롭히려다 만들어진 빙떡

　13세기 원나라는 힘이 약해진 고려를 침략해 왔어요. 고려 왕실은 강화도로 피난하면서까지 대항했지만 원나라의 무력에 끝내 굴복할 수밖에 없었죠. 하지만 왕실이 항복한 후에도 끝까지 항복하지 않고 대항했던 군대가 있었어요. 바로 '삼별초'랍니다.

　삼별초는 무신 정권 때 만들어진 특수 부대였는데, 고려 왕실이 원나라에 굴복하고 개경으로 돌아간 뒤에도 강화도에 남아 원나라 군대와 싸웠지요. 후에 진도로 거점을 옮겨 고려와 원나라 연합군에 대항해 승리를 거두기도 했어요. 하지만 끊임없이 몰려오는 고려와 원나라 연합군을 상대하기에 삼별초의 군사력은 너무 약했어요. 결국 삼별초는 연합군에 패했고 남은 세력은 제주도까지 밀려가게 된답니다.

삼별초는 제주도에서 전력을 재정비하고 다시 싸웠어요. 이때 제주도 사람들은 삼별초가 다시 세력을 키울 수 있도록 도와주었지요.

이를 알게 된 원나라는 제주도 사람들을 괴롭히기 위해 메밀 씨앗을 제주도에 들여놓았어요. 메밀에 독이 있다고 생각했기 때문에 제주도민들이 메밀을 먹고 위태해지길 기대한 거예요. 실제로 메밀은 무기질이 많아서 소화가 잘 되지 않는 식품이기도 하지요.

하지만 제주도 사람들은 이 문제를 슬기롭게 극복했어요. 메밀로 빙떡을 만들어 먹었거든요. 빙떡은 묽은 메밀 반죽을 얇게 펴서 지지고 그 속에 소화 효소가 많은 무를 넣고 돌돌 말아 먹는 음식이에요. 소화가 잘 되지 않는 메밀도 무와 함께 먹으면 자연스럽게 소화가 되었죠. 게다가 메밀은 제주도의 척박한 땅에서도 잘 자라는 기특한 곡물이었어요.

"원나라 사람들이 전해 준 메밀 덕분에 굶지 않아도 되겠어."

"그러게 말이야. 곡식이 부족한 우리 제주 사람들에게는 고마운 일이지."

원나라는 제주도 사람들을 괴롭히기 위해 독이 있는 메밀 씨앗을 퍼트린 것인데, 오히려 제주도 사람들은 명절이나 잔치 때마다 메밀로 빙떡을 만들어 먹었어요.

빙떡이라는 이름은 '메밀 반죽을 빙빙 돌려 만든다'는 뜻으로 만들어진 이름이에요. 빙떡 속의 무가 소화를 돕기 때문에 메밀을 맛있고 건강하게 즐길 수 있답니다.

4장
세계 여러 나라의 대표 음식

MENU

피시 앤드 칩스

생선 초밥

푸아그라

케밥

제비집 요리

쌀국수

퐁뒤

페이조아다

캐비아

피자

가난한 영국 노동자들의 음식 피시 앤드 칩스

"여기가 그 음식점이야?"

"그렇다니까. 한번 맛보면 자네도 이 음식점 단골이 될 거라고."

19세기, 영국 런던의 한 음식점은 몰려드는 손님들로 발 디딜 틈이 없었어요. 손님들이 앞다퉈 주문하는 음식은 얼마 전 음식점 주인이 새로 개발한 메뉴였어요. 하얀 생선 살(피시)과 감자 조각(칩스)을 함께 튀겨 낸 요리였죠.

"음, 정말 맛있군. 피시 앤드 칩스 한 접시면 배가 든든하다고."

"맞아. 우리 노동자들에게는 값싸고 맛있고, 양도 넉넉해 배까지 든든해지는 음식이 최고지."

당시 런던은 고된 노동에 시달리는 공장 노동자들로 넘쳐 났어요. 그들은 하루 종일 힘들게 일했지만 받는 보수는 너무 적어서 가난을 면치 못했답니다.

피시 앤드 칩스는 대구나 명태 같은 흰 살 생선을 튀겨 식초와 소금을 뿌려 먹는 음식이에요. 열량이 높은 튀김 요리라 하루 종일 힘든 육체노동을 해야 하는 이들에게 인기가 많았답니다.

런던에서 시작된 피시 앤드 칩스는 영국 전역으로 빠르게 퍼져 노동자들이 자주 찾는 식당과 술집마다 팔기 시작했지요.

"피시 앤드 칩스 먹어 봤나? 요즘 인기가 대단해."

"그래? 우리도 맛 한번 볼까?"

급기야 호기심 많은 상류층 지식인들까지 맛보기 시작했고, 영국의 식민지였던 캐나다와 호주, 미국에까지 전해져 광범위하게 퍼졌어요. 특히 호주에서는 상어가 잘 잡혀 상어 살을 튀긴 피시 앤드 칩스가 인기를 끌었어요.

당시 런던 시내에서 싼값에 피시 앤드 칩스가 팔렸던 것은 철도 개통과 관련이 깊어요. 주요 재료인 생선들이 철도를 통해 대량으로 빠르게 바다에서 런던까지 배달될 수 있었기 때문이지요.

영국의 노동자들이 허기를 달래기 위해 먹던 튀김 음식, 피시 앤드 칩스는 이제 영국을 대표하는 음식이 되어 세계인이 함께 즐기고 있답니다.

원래 저장 식품이었던 생선 초밥

생선 초밥은 한입 크기로 뭉친 밥 위에 저민 생선을 얹어 먹는 일본 음식이에요. 생선 초밥의 생명은 신선한 생선 살이라고 생각하겠지만, 사실 생선 초밥이 생긴 이유를 알고 보면 오히려 그 반대랍니다.

"생선을 오래 보관했다가 먹을 방법이 없을까?"

"그러게 말이야. 그냥 두면 생선은 너무 빨리 상해 버린다고."

그러니까 생선 초밥은 신선한 생선을 먹기 위해서가 아니라, 생선을 오래 두고 먹으려고 개발된 음식이었어요.

"다른 나라에서는 생선을 곡식과 함께 발효시켜서 먹는대. 그렇게 하면 생선을 오래 보관할 수 있다더군."

일본 사람들은 생선을 오래 두고 먹기 위해 소금에 절였다가 내장을 빼내고 속을 밥으로 채운 뒤 무거운 돌로 눌러 6개월 간 발효시킨 후 먹었어요. 이렇게 하면 밥이 발효되면서 신맛이 나는 까닭에 이 음식을 '스시'라고 불렀지요. 스시는 '맛이 시다'는 뜻에서 유래한 말이랍니다.

스시는 일본 사람들에게 사랑받았지만 만드는 데 시간이 너무 오래 걸렸어요. 발효되어 제맛이 나려면 반년 가까이 기다려야 했지요.

1825년, 에도에서 음식점을 하던 하나야 요헤이는 이런 스시에 대해 아쉬워하는 사람들의 마음을 잘 알고 있었어요.

"즉석에서 스시를 만들어 먹을 방법은 없을까?"

고민하던 요헤이는 밥이 새콤해지도록 소금과 식초를 넣고, 그 위에 생선살을 얹어 즉석 스시를 만들었어요. 요헤이가 만든 스시는 에도 사람들 사이에서 큰 인기를 끌었어요. 신선한 생선으로 새콤한 스시를 즉석에서 만들어 먹을 수 있었으니까요. 이렇게 만들어진 '요헤이의 스시'가 바로 오늘날 세계인이 즐기고 있는 생선 초밥의 원조랍니다.

오늘날 우리가 먹는 방식의 생선 초밥을 대중적으로 어디서나 즐길 수 있게 된 것은 1970년대에 와서랍니다. 그 전까지는 생선이 쉽게 상해 바다에서 먼 지방에서는 신선한 초밥을 먹을 수 없었어요. 1970년대 이후 냉장고가 보급되고, 어류를 신선하게 배송할 수 있게 되면서 지금과 같은 생선 초밥을 먹게 되었답니다.

거위를 학대해 얻은 진미 **푸아그라**

　세상엔 맛있는 요리들이 많지만 맛있는 요리라고 해서 모두 훌륭한 요리는 아니지요. 프랑스 왕실 요리인 푸아그라도 그중 하나예요. 세계 3대 요리로 꼽힐 만큼 많은 사람들의 입맛을 사로잡았지만 만드는 과정을 알게 된다면 몸서리를 칠 만한 음식이랍니다.

　푸아그라를 만들려면 먼저 아주 좁은 장소에 거위나 오리를 가두어요. 그리고 하루에 세 번, 거위나 오리의 입에 커다란 깔때기를 집어넣고 사료를 붓지요. 빡빡한 사료가 목구멍으로 잘 넘어가지 않을 때는 물을 부어 강제로 사료를 밀어 넣는다고 해요. 이런 고통스런 과정을 3주 동안 겪고 나면 거위나 오리의 간은 지방이 쌓여서 정상적인 간보다 열 배나 커진답니다. 지방이 두툼한 간은 부드럽고 맛이 풍부해 한번 맛보면 잊을 수 없다고 해요.

푸아그라를 처음 먹은 것은 고대 이집트 인이었어요. 추위를 피해 나일 강 주변으로 날아온 거위와 오리 떼는 겨울을 나고 다시 먼 길을 떠나기 전에 무화과를 엄청나게 많이 먹었어요. 사람들은 이때 거위나 오리를 잡으면 보통 때보다 훨씬 맛있는 간 요리를 먹을 수 있다는 걸 알았다고 해요.

"거위에게 억지로라도 무화과를 먹여야겠어. 무화과를 잔뜩 먹은 거위의 간은 무엇과도 비교할 수 없을 만큼 맛있거든."

푸아그라가 프랑스를 대표하는 요리가 된 것은 18세기 루이 14세 때문이에요. 루이 14세는 푸아그라를 맛보고 단번에 반해서 궁전에서 열리는 모든 연회에 푸아그라를 올리도록 했지요. 이 때문에 푸아그라를 '왕의 요리'라고 부르게 되었답니다.

푸아그라의 어원은 프랑스 어에서 유래했는데, 간을 뜻하는 '푸아'와 지방을 뜻하는 '그라'가 합쳐진 말이에요. 즉 푸아그라는 '지방간'이라는 뜻인 셈이지요.

현대에 들어와 많은 사람들이 동물을 학대하는 푸아그라 요리의 잔인성을 비판하고, 푸아그라 반대 운동에 나서고 있답니다.

터키 군대의 전투 식량

케밥

　터키의 대표 음식, 케밥은 쇠꼬챙이에 얇게 썬 소고기나 양고기, 닭고기 등을 끼워서 구워 먹는 꼬치 요리예요. 원래 케밥은 터키 사람들이 전쟁터에서 먹던 음식이랍니다.

　"그리스 놈들 끈질기군."

　"그러게 말이야. 하지만 우리도 아나톨리아를 포기할 순 없어."

　20세기 초, 터키와 그리스는 아나톨리아 지역을 사이에 두고 밀고 밀리는 치열한 전투를 벌였어요. 이 지역은 3면이 바다로 둘러싸여 있고, 아시아와 유럽을 연결하는 곳이어서 양쪽 모두에게 매우 중요했어요. 전투가 치열한 만큼 병사들은 빠르게 지쳐 갔죠. 터키군은 병사들의 체력을 보충하고 사기를 높이기 위해 고기를 제공했지만 구워 먹을 여유가 없었어요. 언제 적군이 쳐들어올지 알 수 없는 상황이었으니까요.

이런저런 궁리 끝에 터키 병사들은 얇게 썬 고기를 칼에 끼워 불에 구워 보았어요. 그러자 고기를 굽는 시간도 적게 걸리고, 그릇이 따로 필요 없어서 무척 간편했지요. 바로 이 고기 요리가 케밥의 유래가 되었어요.

고향으로 돌아온 터키 병사들은 칼 대신 쇠꼬챙이에 고기를 끼워 구웠어요.
"어때? 우리가 전쟁터에서 먹던 요리인데 맛이 끝내주지?"
"정말 맛있는데. 게다가 고기를 간편하게 빨리 구울 수도 있고 말이야."
터키 사람들은 무엇보다도 고기를 빠르게 구울 수 있다는 사실에 만족했어요. 터키에는 나무가 잘 자라지 않는 사막 지역이 많아 땔감 구하기가 어려웠거든요. 적은 땔감을 들여 고기를 구울 수 있는 케밥은 터키 사람들에게 꼭 필요한 요리법이었답니다. 그런 이유로 케밥은 터키 전역으로 빠르게 전파되었고, 마침내 터키를 대표하는 전통 음식으로 발전했지요.

터키에는 조리법에 따라 케밥 종류가 300여 가지나 된다고 해요. 이렇게 다양한 케밥이 발달하게 된 것은 케밥이 왕실 요리가 되었기 때문이랍니다. 터키의 옛 왕조인 오스만 튀르크 제국에서는 왕의 식사에 같은 요리를 다시 올려서는 안 된다는 규율이 있었어요. 매번 다른 케밥을 왕에게 올리다 보니 케밥 종류가 많아진 것이지요.

제비 집 요리

중국 황제의 아침 식사

중국에는 수많은 사람들이 살고 있는 만큼 기상천외한 요리도 많답니다. 그 중 하나가 제비 집을 이용해 만든 수프예요. 제비 집으로 요리를 만들다니, 이상하게 들릴 수도 있지만 중국 요리에 쓰는 제비 집은 우리나라의 제비 둥지와는 달라요.

이 요리에 쓰는 제비 집은 '금사연'이라는 바다제비가 새끼를 낳기 위해 바닷가 절벽 위에 만든 집이랍니다. 금사연은 해초로 둥지의 틀을 만들고, 자기 몸에서 나오는 침과 점액을 발라 집을 견고하게 만들지요. 제비의 침과 점액은 햇빛을 받아 마르면서 딱딱하게 굳어 둥지를 튼튼하게 해 주지요.

제비가 애써 둥지를 완성하면 사람들은 위험을 무릅쓰고 절벽을 타고 내려가 제비 집을 가져오지요. 워낙 구하기 어려운 재료이다 보니 제비 집 요리는 아무나 먹을 수 없는 귀한 요리였답니다.

바다제비의 집은 세 번까지 채취할 수 있다고 해요. 첫 번째로 만든 집은 순백색으로 투명하며 이물질이 전혀 없는 최상품이에요. 이 제비 집은 모두 황제에게 진상품으로 바쳐졌지요.

사람에게 집을 빼앗긴 바다제비는 새끼를 위해 다시 집을 짓는데 이때는 시간도 부족하고, 해초나 침도 부족해 자신의 털 같은 이물질을 많이 섞어 집을 짓지요.

그런데 두 번째로 지은 집마저 사람들에게 빼앗기고 나면 침과 체액이 모두 말라 버린 터라 피를 토해 가며 세 번째 집을 짓는답니다. 그래서 이 제비 집은 붉은색을 띠게 되는데 이마저도 사람들에게 빼앗기기 일쑤예요.

청나라 건륭 황제는 매일 아침, 자리에서 일어나면 빈속에 제비 집 수프를 마셨는데, 그 때문인지 88세까지 장수했고 역대 중국 황제 중 가장 오랫동안 황제의 자리를 지켰답니다. 이런 까닭에 중국 황실에는 황제가 아침마다 제비 집 수프를 마시는 전통이 생겨났지요.

최근에는 바다제비의 수가 크게 줄어들고 있어 중국 정부와 환경 보호 단체가 바다제비 보호에 나서고 있답니다.

베트남의 슬픈 역사가 담겨 있는 쌀국수

　쌀을 재배하는 중국과 동남아시아에서는 오래전부터 쌀국수를 먹었어요. 그런데 쌀국수가 베트남 대표 음식으로 알려진 과정을 얘기하자면 베트남의 비극적인 역사 이야기를 하지 않을 수가 없답니다.

　유럽 여러 나라들이 더 많은 식민지를 차지하기 위해 세계 곳곳을 앞다투어 침략하던 시절, 프랑스의 나폴레옹 3세가 베트남을 침공하였고, 베트남은 1884년 프랑스 식민지로 전락하고 말았답니다. 그 후 많은 프랑스 사람들이 식민지 베트남을 드나들면서 쌀국수 요리를 맛보게 되었어요.

"쌀국수 맛이 괜찮은데."

"응. 그런데 여기에 소고기가 들어가면 훨씬 맛있을 것 같지 않아?"

본래 베트남 사람들은 소고기를 잘 먹지 않았어요. 소는 쌀농사를 짓는 데 꼭 필요한 동물이라 함부로 잡아먹지 않았거든요. 반면 고기 요리에 익숙한 프랑스 인들은 베트남 하인들에게 소고기를 넣고 쌀국수를 끓이게 했어요.

요즘 우리가 먹는 쌀국수는 이런 사연 속에서 베트남 전통 쌀국수가 프랑스 풍으로 변형된 것이지요. 쌀국수를 베트남 어로 '포'라고 하는데, 포는 고기와 야채를 넣고 진하게 끓여 내는 프랑스 수프 '포토퍼(pot-au-feu)'에서 유래한 말이랍니다.

쌀국수가 세계 각국으로 퍼져 나가게 된 계기 역시 베트남의 또 다른 비극적인 역사와 관련이 있어요.

쌀국수는 본래 베트남 북부에서 발달한 음식이었어요. 그런데 북부 지역인 하노이에 공산 정권이 세워지면서 사람들이 남쪽으로 피난을 왔답니다.

피난 온 북부 사람들은 남쪽 사이공에 모여 쌀국수 식당을 냈고, 한창 인기를 끌었어요. 그러나 1975년 남쪽 정권이 무너지면서 베트남은 전 지역이 공산화되기에 이르렀어요.

"국가가 모든 걸 통제하는 곳에서는 더 이상 살 수 없어."

이후 많은 사람들이 배를 타고 베트남을 탈출하여 미국과 프랑스 등 세계 각국으로 흩어졌고, 생계를 위해 쌀국수 식당을 열었어요. 그 덕분에 베트남 쌀국수는 전 세계에 알려지게 되었답니다.

스위스 목동들의 추위를 달래 준 퐁뒤

　　스위스의 자랑인 알프스 산은 아름답기로 유명해서 해마다 관광객들이 끊이지 않는 곳이에요. 그러나 가축을 돌보는 목동들에게는 고된 삶의 터전이었죠. 특히 겨울이 되면 목동들은 알프스 산의 엄청난 추위와 싸워야 했어요.

　"아휴, 추워. 겨울이 언제 끝나려나."

　추위는 영원히 계속될 것처럼 목동들을 괴롭혔어요.

　"그러게 말이야. 너무 추워서 치즈와 빵이 전부 딱딱해졌어."

　가난한 목동들이 산에서 먹을 수 있는 것이라고는 차갑고 딱딱한 치즈와 말라 버린 빵이 전부였어요.

"따뜻한 수프 한 그릇이면 얼어붙은 몸이 녹을 것 같은데."

이때 한 목동이 기발한 생각을 해냈어요.

"치즈를 녹여서 수프처럼 만들어 먹으면 어때?"

목동들은 모닥불 주변에 옹기종기 모여 앉아 치즈를 녹였어요. 딱딱했던 치즈는 불기가 닿자 금세 부드럽게 녹기 시작했죠.

"좋아. 빵을 수프 대신 치즈에 찍어 먹어 보자."

목동들은 모닥불에 몸을 녹이며 뜨거운 치즈에 빵을 찍어 먹었어요. 따뜻한 음식이 배를 채우자 몸도 마음도 한결 푸근해졌어요. 알프스 산에서 목동들이 먹었던 이 음식이 바로 스위스의 국민 음식 퐁뒤랍니다.

목동들의 음식, 퐁뒤는 스위스 귀족들에게까지 퍼졌고, 이는 다시 주변 국가에도 전해졌지요.

"스위스 귀족들이 먹던 거 말이야, 정말 색다르고 맛있더군."

"그런데 그 음식 이름이 뭐지?"

"글쎄……."

"퐁뒤? 치즈를 녹여 먹으니 퐁뒤라고 하면 좋겠어."

퐁뒤 맛에 반한 프랑스 귀족들은 스위스 요리에 이름까지 지어 주었어요. '퐁뒤'는 프랑스 어로 '녹이다'라는 뜻의 '퐁드르(fondre)'에서 생겨난 말이랍니다.

퐁뒤를 먹을 때는 지켜야 할 재미있는 규칙이 있어요. 만약 여자가 치즈에 빵이나 고기 등을 떨어뜨리면 옆에 앉은 남자에게 가벼운 키스를 해야 해요. 반대로 남자가 떨어뜨리면 와인을 사서 사람들에게 대접해야 한답니다.

흑인 노예들의 잔치 음식 페이조아다

 "토요일에 주인님이 손님을 초대하신다니, 정신없이 바쁠 거야."
 "손님들을 위해 돼지도 잡겠군그래. 오랜만에 고기 맛 좀 보겠어."
 "맞아! 이때가 아니면 우리가 언제 돼지고기를 맛볼 수 있겠어?"
 18세기 무렵 브라질의 흑인 노예들은 백인 농장 주인이 손님을 초대하는 날을 손꼽아 기다렸어요. 이날만은 배불리 먹을 수 있었으니까요.
 노예들은 분주하게 움직이며 백인들의 잔치를 정성껏 준비했어요. 잔치의 중심 요리인 돼지고기 구이를 만들기 위해 통통하게 살이 오른 돼지를 잡아 부드러운 살코기 부위만 발라냈죠.

마침내 토요일, 잔치가 시작되자 먹음직스러운 돼지고기가 식탁에 올라왔어요. 손님들은 모두 만족스럽게 만찬을 즐겼어요. 백인들의 잔치가 끝나 갈 무렵, 흑인 노예들은 자신들의 만찬을 준비하기 시작했어요.

백인들이 먹지 않는 돼지의 코, 발, 내장, 귀, 꼬리, 혀 같은 부위들을 '페이조'라는 검은콩과 함께 넣고 오래 푹 고았지요. 이 음식은 '페이조'에 여러 가지 고기를 섞었다는 의미인 '아다'를 붙여 '페이조아다'라고 불렀어요.

몇 시간을 끓이자 국물이 우러나고 맛있는 냄새가 솔솔 퍼져 나갔어요.

"엄마, 배고파요. 빨리 먹고 싶어요."

"얘야, 기다리렴. 국물이 진해질 때까지 기다리고 또 기다려야 한단다."

오랫동안 끓인 페이조아다는 걸쭉해지면서 깊고 진한 맛이 났어요.

"페이조아다는 우리 삶과 닮았어. 버려진 부위를 모아 오래 끓이고 요리해 더 깊고 풍부한 맛을 내지. 우리 흑인들이 오랜 고난 속에서 더 깊은 삶의 의미를 깨달아 가듯 말이야."

페이조아다의 깊은 맛은 백인 농장 주인에게도 별미였어요.

"우리 노예들이 먹는 음식이 내가 먹는 것보다 더 맛있잖아. 게다가 노예들을 보라고, 얼마나 건강한지. 모두 이 음식 때문인 것 같아."

시간이 지나면서 흑인들의 음식, 페이조아다는 모든 브라질 국민이 즐기는 국민 요리가 되었답니다. 요즘에는 돼지 꼬리나 혀 같은 특이한 부위뿐만 아니라 베이컨이나 소시지 따위의 여러 가지 고기를 넣어 다양한 맛을 즐겨요.

유럽 사람들이 꼽는 최고급 진미 캐비아

철갑상어의 알을 소금에 절인 캐비아는 '검은 진주'라 불릴 정도로 귀한 음식이에요. 한때 캐비아 한 단지 가격이 양 100마리 가격과 맞먹을 정도로 비쌌기 때문에 보통 사람들은 감히 먹을 엄두도 낼 수 없었죠.

캐비아는 유럽 각국의 황제들이 즐겼던 음식이지만 특히 러시아와 관련이 깊어요. 오늘날에도 캐비아를 러시아의 대표 음식으로 꼽는 이유는 최고급 캐비아의 생산지인 카스피 해가 러시아와 가깝기 때문이랍니다.

러시아의 황제 니콜라스 2세는 페르시아와의 전쟁에서 승리해 카스피 해 연안에 있는 아제르바이잔을 손에 넣게 되었어요. 아제르바이잔은 카스피 해 연안에서도 가장 질 좋은 캐비아가 나는 곳이었지요.

"이제부터 아제르바이잔에서는 해마다 캐비아를 11톤씩 황제에게 바치도록 하라."

러시아 황제의 명령은 너무나 가혹한 것이었어요. 철갑상어 한 마리에서 얻을 수 있는 캐비아 양은 얼마 되지 않았어요. 그런 캐비아를 11톤이나 바치려면 아제르바이잔의 어부들은 쉴 새 없이 철갑상어를 잡아야 했지요.

"우리는 맛도 못 보는 캐비아 때문에 이토록 혹사당해야 하다니."

"황제랑 귀족 놈들 주려고 우리는 목숨을 내놓고 일해야 한다고."

러시아 황실과 귀족들의 사치와 향락이 심해질수록 어부들의 고통은 커져 갔지요.

1917년, 사치와 향락에 빠진 무능한 황제가 다스리던 러시아 제국은 공산당이 혁명을 일으키면서 무너지게 된답니다. 정권을 잡은 공산당은 1920년 아제르바이잔 지역의 캐비아 공장을 국가 소유로 만들었어요.

"아제르바이잔의 캐비아를 세계 각국의 부자들에게 팔아라."

황제가 사라진 후, 황제의 음식이었던 캐비아는 외화를 벌어들이는 중요한 상품이 되었답니다.

지구 상에는 20종이 넘는 철갑상어가 있는데, 최고급 캐비아를 생산하는 철갑상어는 카스피 해 연안에서 잡히는 세 종류의 철갑상어예요. 최상급 캐비아는 1킬로그램에 600만 원이 넘는다고 해요.

피자

이탈리아 나폴리에서 세계로 퍼진

    둥그런 밀가루 반죽 위에 여러 가지 재료를 올려 구워 먹는 피자는 어떤 재료와도 어울리는 음식이에요.

    처음 피자를 만든 곳이 어딘지 정확하지는 않아요. 다만 학자들은 페르시아가 아니었을까 추측하지요. 기원전 6세기 다리우스 왕이 페르시아 제국을 다스릴 때, 페르시아 병사들이 먼 길을 이동하다 쉬면서 피자와 비슷한 음식을 먹었다는 기록이 있거든요.

    "아, 배고파. 뭐 좀 먹자. 방패를 불에 달궈 그 위에다 빵을 굽자고."

"좋은 생각인데! 빵이 구워지면 치즈랑 대추야자를 얹어서 먹자. 전에 이렇게 먹어 보니 정말 맛있었어."

물론 이때 페르시아 병사들이 먹은 음식이 우리가 알고 있는 피자와 꼭 같다고 볼 수는 없어요. 오늘날 우리가 먹는 피자가 처음 등장한 것은 16세기경 나폴리에서부터랍니다.

이 당시 나폴리에 토마토가 전해졌는데, 처음엔 토마토에 독이 있다고 생각하여 먹지 않다가 먹을 것이 부족했던 가난한 사람들이 토마토를 밀가루 반죽 위에 얹어서 먹기 시작했어요.

"음, 맛만 좋은걸. 토마토에 독이 있다는 건 거짓말 같아."

나폴리 사람들은 밀가루 반죽 위에 토마토소스와 치즈를 얹은, 오늘날과 같은 피자를 만들기 시작했어요.

17세기에 들어서자 나폴리 피자는 주변 지역에 소문이 날 정도로 유명해졌어요. 사람들은 나폴리 피자 맛에 반했고, 나폴리에는 피자 파는 가게가 점점 늘어 갔답니다.

토마토소스와 치즈를 얹은 나폴리 피자는 19세기, 이탈리아 이민자들에 의해 미국에도 전해졌어요. 이탈리아 이민자들이 주로 모여 살던 시카고에서 먼저 인기를 끌던 피자는 곧 미국 전 지역으로 퍼져 나갔고, 오늘날엔 전 세계가 즐기는 음식이 되었답니다.

1889년, 이탈리아의 왕비 마르게리타가 나폴리를 방문했어요. 요리사 에스포시토는 왕비를 위해 빵 위에 빨간 토마토소스와 하얀 모차렐라 치즈, 그리고 초록색 바질을 올린 피자를 만들어 바쳤어요. 빨간색과 흰색, 초록색은 이탈리아 국기를 나타내는 색이지요. 이때 만들어진 피자가 바로 '마르게리타 피자'랍니다.

5장
세계의 금기 음식

MENU

문어와 오징어

감자

소고기

고추

커피

돼지고기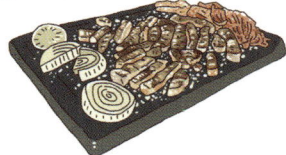

마늘

게르만 족의 바다 괴물을 닮은 문어와 오징어

　우리가 맛있게 즐기는 오징어와 문어를 북유럽 게르만 족은 아주 오래 전부터 금기 음식으로 여겼대요. 게르만 족에게 문어와 오징어는 두렵고 불길한 존재였어요.

"클라켄이 나타났다!"

　배를 타고 북극해로 나간 게르만 족은 믿을 수 없는 광경을 목격했어요. 거대한 무언가가 바닷속에서 튀어나와 배에 달라붙었던 거예요.

　선원들은 공포에 질렸어요. 클라켄은 문어나 오징어처럼 생긴 거대한 바다 괴물로, 긴 촉수를 사용해 배를 바닷속으로 끌어간다고 전해지는 전설의 괴물이었어요.

게르만 족이 바다 괴물, 클라켄으로 생각했던 생물은 아마도 대왕 오징어였을 거라고 추측해요. 길이가 10미터나 되는 대왕 오징어는 본래 남쪽의 따뜻한 바다에 사는 생물이에요. 대왕 오징어를 본 적이 없었던 게르만 족이 어쩌다 북쪽 바다까지 올라간 대왕 오징어를 봤다면 괴물이라고 놀랄 수밖에요.

클라켄의 공포에 떨던 게르만 족에게는 오징어와 문어가 악마의 물고기처럼 느껴졌어요.

"클라켄을 닮은 악마의 물고기군."

"이 빨판 좀 보라고. 우리에게 달라붙어 불길한 곳으로 끌고 갈 것 같지 않나? 어이구, 몸에서 떨어지질 않아!"

뼈가 없는 이상한 생김새, 아무것에나 달라붙는 빨판 등도 기분 나쁜 이미지를 만들어 냈죠.

"괴물 물고기를 먹는 건 몸에 악마를 받아들이는 거야."

"성경에도 비늘과 지느러미가 없는 물고기는 먹지 말라고 되어 있다고."

이렇게 북유럽의 게르만 족은 괴물 클라켄과 닮은 오징어와 문어를 악마의 물고기라 생각해 먹지 않는 풍속을 가진 반면, 이탈리아와 프랑스 등을 비롯한 남유럽 사람들은 풍부한 해산물을 식재료로 다양하게 활용했어요. 문어나 오징어뿐 아니라 굴도 즐겨 먹었지요.

나병을 옮기는 악마의 열매

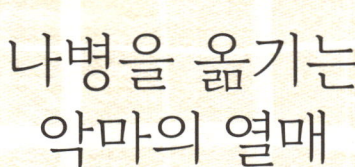

　감자는 우리에게 매우 친숙하고 전 세계 사람들의 식탁에서 빼놓을 수 없는 식재료 가운데 하나지요. 그런 감자가 처음 유럽에 소개되었을 때는 악마의 열매로 불렸어요. 본래 감자는 지금의 페루인 잉카 제국에서 나던 작물로, 잉카 인들은 감자를 얼려 가루로 만든 다음 빵처럼 만들어 먹었답니다. 감자는 잉카를 침략했던 스페인에 의해 유럽에 알려졌어요.
　"우와, 별천지로군! 우리가 찾아 헤매던 황금의 나라가 바로 여기구나! 이곳을 우리 스페인 땅으로 만들자."

1532년, 평화롭던 잉카 제국을 침략한 스페인 군대는 잉카 문명을 멸망시키고 그곳을 다스리기 시작했어요.

"자, 새로운 땅을 정복한 기념으로 이곳 사람들이 먹는 열매를 우리 스페인 국왕에게 보내 드리자. 처음 보는 신기한 식품이라 좋아하실 거야."

그러나 감자를 본 유럽 사람들은 감자를 멀리했어요.

"울퉁불퉁한 게 이상하게 생겼잖아."

"그러게 말이야. 성경에도 이런 식품은 나오지 않는데 먹어도 될까?"

"이걸 먹으면 나병에 걸린대. 잘라 놓으면 금세 검게 변하는 것 좀 보라고."

"세상에! 악마의 열매가 틀림없군!"

더구나 감자를 껍질째 먹은 사람들이 복통에 시달리는 걸 보고 더더욱 감자를 두렵게 여겼답니다.

하지만 감자를 환영한 곳도 있었어요. 바로 유럽 북서쪽에 있는 아일랜드였죠. 아일랜드는 춥고 땅이 척박해 밀이 잘 자라지 않는 곳이라 사람들은 늘 굶주림에 시달렸답니다.

"감자 먹어 봤어? 껍질을 벗기고 삶아 먹었는데, 그런대로 먹을 만해."

"나도 먹어 봤어. 추운 곳에서도 잘 자라니 이제 배고픔에서 좀 벗어날 수 있지 않을까."

아일랜드와 북유럽에 사는 사람들은 감자 덕분에 굶주림에서 벗어나게 되었어요. 그 후 나병을 옮기는 악마의 열매로 여겨졌던 감자가 사실 맛 좋고 영양이 풍부한 식품이라는 게 유럽 전체에 알려지게 되었답니다.

힌두교 인들의 금기 식품

　　인도에 가면 소고기를 못 먹는다는 건 오해예요. 요즘은 많은 관광객과 외국인들이 인도를 방문하기 때문에 소고기 요리를 파는 식당이 많아지고 있어요. 물론 많은 인도 사람들이 소고기를 먹지 않는 건 사실이에요. 인도는 힌두교 국가이고, 힌두교에서는 소를 신성하게 여겨서 먹지 않거든요.

　　"암소는 크리슈나 신을 모시는 시종이다. 숭배를 받아 마땅하다."

　　섬기고 받들어야 할 신의 시종을 죽여서 먹는다는 건 힌두교 인에겐 생각만 해도 끔찍한 일이지요.

그런데 인도 사람들이 처음부터 소고기를 먹지 않은 것은 아니랍니다. 인도 사람들의 조상인 아리아 인이 인도에 오게 된 것은 기원전 1500년경인데, 이때는 소고기를 먹는 것이 아무런 문제가 되지 않았어요. 당시 아리아 인은 유목 민족이어서 소와 유제품을 먹지 않는다면 먹을 것이 없었을 테니까요.

그런데 인도에 정착하면서 농경 생활을 시작한 아리아 인은 소의 중요성을 새삼 깨닫게 되었어요.

"인구가 늘어나니 식량으로 쓸 소도 점점 더 많이 키워야 하는데, 한곳에 머물러 살면서 소 키울 목초지를 찾는 일은 너무 어려워요."

"이제는 그 목초지에 소를 이용해 농사를 짓는 편이 훨씬 낫다고. 소고기 대신에 곡식을 먹어야 식량이 모자라지 않는다니까."

"그러게요. 소는 농사를 돕고 우유와 버터까지 주죠. 게다가 소똥은 귀중한 연료로 쓸 수 있으니, 소를 먹는 것보다 기르는 게 훨씬 이익이군요."

정착하면서 소를 음식으로 먹어 치우기보다는 농사짓는 데 활용하는 편이 더 낫다는 사실을 깨달은 아리아 인 사이에는, 이제 소를 쉽게 죽여서는 안 된다는 생각이 퍼지게 되었죠.

더 나아가 아리아 인들이 믿게 된 힌두교에서는 '소는 신이 깃든 성스러운 존재'라는 종교적인 믿음까지 더해 주었어요. 결국 5세기경, 힌두교에는 소를 죽여 제물로 바치거나 먹는 것을 금지하는 교리가 생기게 되었답니다.

독이 있는 식품으로 오해받은  고추

　고추는 원래 중앙아메리카의 멕시코에서 주로 자랐는데, 1492년 콜럼버스가 아메리카 항로를 개척한 뒤로 유럽에 고추가 함께 전해졌어요.

　유럽 사람들은 고추를 신기하다고 생각했지만 너무 매워서 쉽게 음식 재료로 사용하지 못했어요. 대신 고추는 유럽 사람들에 의해 동양으로 전해지면서 주목을 받았어요.

　우리나라에 고추가 전해진 것은 약 17세기 초, 조선 시대예요. 어디로부터 전해졌는지는 확실하지 않지만, 처음 조선에 들어왔을 때 그다지 환영받지 못했던 것만은 사실이에요. 고추에 독이 있다고 여겼기 때문이죠.

"아랫마을 주막에서 소주를 먹다가 사람이 죽었다는구먼."

"주모가 독한 소주를 만들려고 소주에 고추를 섞어서 팔았대. 그러니 사람이 안 죽어 나가겠나."

"가만있자, 고추라면 독이 있어서 먹으면 입술이 마비되거나 목이 막힌다는 그 열매 아닌가?"

"그래. 임신한 사람이 뜨으면 애가 잘못될 수도 있다지 않나."

"이런 양심 없는 주모 같으니라고."

맵고 열이 나는 성질 때문에 사람들은 고추를 달가워하지 않았어요. 대신 추운 날 먼 길을 갈 때 버선 속에 고추를 넣거나, 오래 걷고 나서 고춧가루로 굳은살을 문지르기도 했대요. 고추에서 열이 나니 춥지 않고, 굳은살도 없앤다고 생각했거든요. 의원들은 고추를 약으로 여겨 장이 막히는 증상이나 변비에 처방하기도 했다고 해요.

오늘날 고추는 우리의 대표적인 양념이지만, 처음 들어왔을 때는 식품으로는 거의 취급되지 못하다가 18세기 들어서야 요리에 사용되기 시작했어요. 김치에 고춧가루를 넣게 된 것도 이 시기인데, 그전까지 김치는 고추가 들어가지 않은 백김치였답니다.

조선 시대 이규경이 쓴 《오주연문장전산고》에는 고추를 무기로 사용한다는 기록도 있어요. 고춧가루를 적에게 뿌려 매운 성분 때문에 눈이 따갑고 재채기가 나와, 제대로 앞을 볼 수 없게 만들었다는 말이지요.

신이 내린 열매 커피

　옛날 에티오피아에 칼디라는 양치기가 살고 있었어요. 그는 고원에 펼쳐진 풀밭으로 염소를 몰고 나가 꼴을 먹이며 돌보는 일을 했어요. 그런데 얼마 전부터 이해할 수 없는 일이 생겼어요. 얌전했던 염소들이 밤마다 잠을 자지 않고 소란을 피워 대는 거였어요.
　"도대체 무엇 때문에 염소들이 소란을 피우는 거지?"
　칼디는 염소들을 일일이 살펴보았지만 이유를 찾을 수 없었어요. 그러던 어느 날, 그는 염소들이 이상한 열매를 먹는 것을 보았어요. 전에 본 적 없는 빨간 열매를 먹은 염소들이 밤이 늦도록 잠을 자지 못하는 거였어요. 이상하게 여긴 칼디는 이 열매를 가톨릭 수도사에게 가져갔어요.

"염소들이 이 열매를 먹고 밤마다 소란을 피우는 바람에 저도 잠을 잘 수가 없답니다. 도대체 이유가 뭘까요?"

수도사는 그 열매를 직접 먹어 보기로 했어요.

"정말 신기한 열매군. 정신이 맑아지고 졸음이 달아나다니. 밤에 기도를 드릴 때 먹으면 졸지 않고 수행할 수 있겠는걸."

수도사가 먹은 이 열매가 바로 커피 열매였답니다.

그런데 커피를 귀하고 신성한 식품으로 여기며 즐겨 먹기 시작했던 사람들은 이슬람교도들이었어요. 그들은 빨간 열매 속에 있는 커피콩을 볶아 가루로 만든 후, 물을 넣고 끓여 마셨어요.

커피에 들어 있는 카페인 때문에 커피를 마시면 오랫동안 기도하고 수행을 해도 졸리지 않자, 이슬람교도들은 커피가 우리 몸을 건강하게 만들어 준다고 여겼어요. 커피를 '성스러운 것', '신이 내린 소중한 약'이라고 부르며 즐겨 마셨지요.

커피는 이슬람 지역에서 빠른 속도로 퍼져 나갔고, 16세기 초에는 이슬람의 큰 도시마다 커피 가게가 생겼어요. 그런데 문인들이 커피 가게에 모여 정치 토론하는 것을 못마땅하게 여긴 메카의 총독은 1511년 '커피 금지법'을 만들어 커피 문화를 강압적으로 통제하려 했어요. 그러나 얼마 지나지 않아 당시 메카의 실질적인 지배자인 이집트 술탄이 금지법을 해제하도록 명령했고, 메카 총독은 처형당하고 말았답니다.

175

유대교와 이슬람교의 금기 식품 돼지고기

　불판 위에서 지글지글 익고 있는 삼겹살을 보면 누구라도 행복해지지 않을 수 없죠. 그런데 우리를 행복하게 만드는 삼겹살 구이를 이슬람교도나 유대교도는 혐오스럽게 생각한답니다. 이슬람교와 유대교에서는 돼지고기 먹는 것을 금지하고 있기 때문이에요.
　'죽은 동물의 고기, 피, 돼지고기, 알라의 이름으로 도살되지 않은 고기, 그리고 목이 졸려 죽은 동물, 맞아 죽은 동물, 추락사한 동물, 뿔에 받혀 죽은 동물, 맹수에게 물려 죽은 동물은 불결하다. 따라서 먹지 말아야 한다.'

이렇듯 이슬람교 경전인 《코란》에는 먹지 말아야 하는 동물이 자세하게 기록되어 있대요. 유대교 경전인 《구약 성경》에도 발굽이 갈라져 있고 되새김질을 하는 동물만 먹을 수 있다고 쓰여 있어요. 돼지는 발굽이 갈라져 있긴 하지만 양이나 소처럼 되새김질을 하지 않기 때문에 먹을 수 없죠.

그렇다면 왜 두 종교 모두 돼지를 먹을 수 없는 동물로 정했을까요? 그 까닭은 닥치는 대로 먹어 치우는 돼지의 습성 때문에 더럽고 욕심이 많다는 이미지가 있어서예요. 이슬람교와 유대교는 금욕적인 율법을 엄격하게 지키는 종교거든요. 그러니 욕심 많은 돼지를 싫어하는 것도 이해가 가지요.

또 다른 이유로는 이슬람교와 유대교가 생긴 중동 지방은 덥고 건조해서 돼지를 기르기가 쉽지 않기 때문이에요. 돼지는 땀샘이 거의 없어서 스스로 체온을 조절할 수 없죠. 돼지가 진흙탕에 뒹구는 이유도 바로 더위를 식히기 위한 행동이에요. 돼지는 본래 물이 있는 곳에서 정착 생활을 하는 동물이었답니다. 이런 돼지를 덥고 건조한 땅에서 유목 생활을 하며 기르는 것은 불가능했겠지요.

아무거나 먹어 치우는 돼지의 습성과, 돼지를 기르기 어려운 중동 지역의 덥고 건조한 기후 때문에 이슬람교와 유대교에서는 돼지고기 먹는 것을 오랫동안 금지해 왔고 그 계율이 아직도 지켜지고 있답니다.

독실한 이슬람교도들은 보통 레스토랑에서 음식을 먹지 않고, 이슬람교도 전용 레스토랑을 이용한답니다. 보통 레스토랑에서는 냄비나 칼에 돼지고기가 닿았을지도 모르기 때문이에요. 돼지를 불결하게 생각하기 때문에 돼지가 닿은 물건도 모두 깨끗하지 못하다고 생각하는 거지요.

불교의 금기 식품 마늘

　단군 신화에서 곰이 인간이 되려고 먹었던 채소가 무엇인지 기억나요? 맞아요. 마늘과 쑥이었어요. 예로부터 사람들은 마늘이 신비로운 힘을 가지고 있어서 귀신을 쫓고 전염병을 막는다고 생각했죠. 또한 생명력의 상징이자 신비로운 약초로 여겼어요. 그러니 곰을 인간으로 만들 수 있는 신비한 생명력도 마늘에 있다고 믿었답니다. 반면, 기운을 북돋아 주는 마늘을 금기시하는 사람들도 있어요. 바로 수행하는 스님들이랍니다.

　"스님, 저도 출가해서 평생 마음을 닦으며 살고 싶습니다."

"허허, 너처럼 먹는 것 좋아하는 녀석이 어찌 출가를 할 수 있겠느냐? 출가하면 음식도 네 마음대로 먹을 수 없단다."

"저도 알아요. 스님이 되면 고기나 술은 먹을 수 없다는 걸요."

"그뿐이 아니야. 오신채도 먹어선 안 돼."

불교 경전인 《능엄경》에 따르면, 수행 중인 승려는 술과 고기를 먹지 않아야 하는 것처럼 오신채도 금지해야 해요. 오신채란 향이 강한 다섯 가지 채소를 말하는데, 흔히 마늘, 파, 부추, 달래, 흥거를 말한답니다. 흥거는 중국 사람들이 먹는 식물로 우리나라에서는 보기 힘들어요.

"《능엄경》에는, '오신채를 익혀 먹으면 음란한 마음이 생기고, 날것으로 먹으면 분노가 솟구친다. 보살들은 오신채 냄새를 싫어해 멀리하는 반면에 배고픈 악귀는 그 냄새를 좋아해서 오신채 먹는 사람 옆에 붙어 앉아 입술을 핥을 것이니, 그 사람은 결국 지옥에 떨어질 것'이라고 씌어 있단다."

"수행을 하기 위해선 음식 하나까지 조심해야 하는군요."

"그래. 스님 되는 길이 어디 그리 쉬운 줄 알았느냐? 하하."

수행하는 스님들에게 오신채를 금지한 것은 오신채가 몸에 활력을 주는 음식이기 때문이에요. 경건하게 수행을 해야 할 스님들에게 힘이 넘쳐 나면 수행에 방해가 된다고 생각한 거죠. 오신채 중 하나인 마늘은 특히 그 향과 효력이 강해서 지금도 절에서는 음식에 마늘을 넣지 않는답니다.

마늘을 먹으면 냄새가 나는 까닭은 알리신이라는 물질 때문이에요. 알리신은 몸속에 들어가도 분해되지 않고 혈액을 따라 돌다가 땀이 나 호흡을 통해 밖으로 나오면서 알리신 특유의 냄새를 풍겨요.

한눈에 보는 나라별 대표 음식

아메리카, 유럽

푸틴 감자튀김에 브라운 그레이비 소스와 커드 치즈를 얹어 만드는 음식

칠면조 요리 칠면조 배 속에 각종 재료를 넣고 오븐에 구워 내는 추수 감사절 음식

타코 토르티야에 여러 재료를 골라 넣어 싸서 먹는 음식

세비체 익히지 않은 생선 살, 새우, 해초, 양파 등을 레몬즙에 절여서 먹는 음식

페이조아다 158쪽

아사도 소갈비를 소금 뿌려 가며 굽는 음식

캐나다
북아메리카
미국
멕시코
남아메리카
페루
브라질
아르헨티나

저작자 표시가 있는 이미지들은 저작자를 밝히면 자유로운 이용 및 변경이 가능한 CCL라이선스(자유 이용 저작권) 이미지입니다. 아울러 위 이미지를 이용한 2차 저작물에도 마찬가지의 라이선스를 적용합니다. 저작자 표시가 없는 이미지는 퍼블릭 도메인(자유로이 공유 가능한 저작물)에 해당합니다.

피시 앤드 칩스 144쪽

푸아그라 148쪽

에스카르고 달팽이 요리

소시지(부어스트) 다진 고기에 양념을 해 동물의 창자에 싸는 음식

영국 독일
프랑스 스위스  유럽
스페인 이탈리아
그리스 터키

퐁뒤 156쪽

케밥 150쪽

파에야 팬에 올리브기름을 두르고 쌀과 고기, 해산물 등을 함께 넣어 만드는 음식

무사카 야채와 고기를 볶아서 화이트소스를 뿌리고 구워 낸 음식

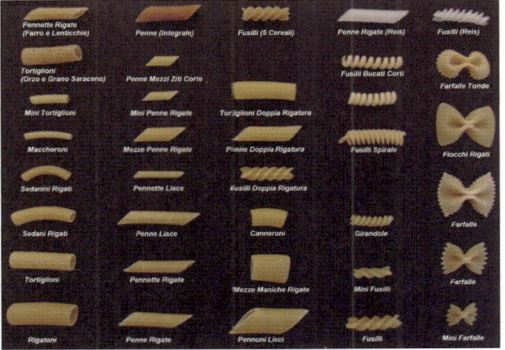
다양한 파스타의 종류 37쪽

아프리카, 아시아

캅사 길쭉한 쌀을 볶아 물과 사프란 등의 향신료를 넣고 익혀 닭고기, 당근, 건포도 등을 올린 음식

쿠스쿠스 좁쌀처럼 생긴 곡식을 갈아 증기로 찌고 양고기나 닭고기를 얹어 소스에 버무린 음식

코샤리 볶은 쌀밥 위에 삶은 콩, 양파 튀김, 닭고기 등을 얹고 토마토 소스를 넣은 음식

에구시 수프 육류나 채소에 멜론 씨를 갈아 넣고 끓인 수프

모로코

이집트

사우디아라비아

아프리카

나이지리아

케냐

우갈리 옥수수 가루를 쪄서 반죽하여 고기나 채소 등을 곁들여 먹는 음식

남아공

브라이 각종 고기를 석쇠에 올려 소금, 후추로 간하고 주로 와인과 함께 먹는 바비큐

유래를 통해 배우는 초등 사회

그래서 이런 음식이 생겼대요

초판 발행 _ 2014년 7월 23일
초판 6쇄 발행 _ 2021년 2월 19일

글쓴이 _ 우리누리
그린이 _ 이진아
발행인 _ 이종원
발행처 _ 길벗스쿨
출판사 등록일 _ 2006년 6월 16일
주소 _ 서울시 마포구 월드컵로 10길 56(서교동)
대표전화 _ (02) 332-0931 / 팩스 _ (02) 323-0586
홈페이지 _ school.gilbut.co.kr / 이메일 _ gilbut@gilbut.co.kr

기획 및 책임편집 _ 이현주(mystery918@gilbut.co.kr) / 제작 _ 이준호, 손일순
영업마케팅 _ 진창섭, 강요한 / 웹마케팅 _ 황승호 / 영업관리 _ 정경화 / 독자지원 _ 송혜란, 윤정아
교정교열 _ 고재은 / 디자인 _ 윤현이
인쇄 _ 상지사 / 제본 _ 신정제본

ⓒ 우리누리, 이진아 2014

잘못된 책은 구입한 서점에서 바꿔 드립니다.
이 책에 실린 모든 내용, 디자인, 이미지, 편집 구성의 저작권은 길벗스쿨과 지은이에게 있습니다.
허락 없이 복제하거나 다른 매체에 옮겨 실을 수 없습니다.

ISBN 978-89-6222-771-0 (73380)
　　　978-89-6222-378-1 SET
　　　(길벗스쿨 도서번호 200151)

독자의 1초를 아껴주는 정성 **길벗출판사**
길벗 IT실용서, IT/일반 수험서, IT전문서, 경제실용서, 취미실용서, 건강실용서, 자녀교육서
더퀘스트 인문교양서, 비즈니스서
길벗이지톡 어학단행본, 어학수험서
길벗스쿨 국어학습서, 수학학습서, 유아학습서, 어학학습서, 어린이교양서, 교과서